SUPER STEP

スーパーステップ

中学英文法

1〜3年

| 基礎から受験まで |

JN050620

KUM☉N

はじめに

● 英語の学習のなかで、英文法はいちばんつまらない、と思っている人が たくさんいるのではないでしょうか。たしかに、ルール（文法）をおぼ えるより、それを使って話したり、書いたり、読んだりするほうが、お もしろいに決まっています。

● だからといって、ゲーム（話したり、書いたり、読んだり）をするのに、 そのゲームのルールをおろそかにしていいわけはありません。また、そ のルールに合わせて自分の技術をみがくことをしないでいると、ゲーム 自体もだんだんとおもしろくなくなってきます。

● この本はその技術をみがくためのルール本です。といっても、単にルー ルを項目別にならべるのではありません。この本は、つねに「1つ新 しい表現」、つまり、すでに知っている英文と比べて「1つだけ新しく なっている表現」にこだわりながらつくられています。

● その「新しい表現」のどこが新しいのかを知ることが、英文法の「1つ のステップ」になります。そして、その「1つ新しい表現」＝「1つのス テップ」を積み重ねてゆくことで、中学で必要な英文法のすべてが学習 できるようにつくられています。

● このように、表現力と文法力とがしっかり結びついた形で学習できるの で、1歩1歩、確実に進んでいけるだけでなく、とても興味深く英文法 の学習ができると思います。この本が読者のみなさんの英語学習に役立 つことを願っています。

本書の各ステップの英文と日本語訳には、すべて音声がついています。音声 は、〈英文音声のみ〉〈英文音声⇒日本語音声〉〈日本語音声⇒英文音声〉の3 つのパターンから、学習目的に合わせて選ぶことができます。この音声を活 用すれば、学習効果はさらに増すでしょう。

この本の特長と使い方

1 きめ細かい ステップアップ学習！

この本では、中学で習う英文法のすべてが、きめ細かいステップで学習できるようにできています。これなら、いままでむずかしいと思っていた英文法も、スムーズに、興味深く学習していけます。

2 踏み段をふんで むりなく進める！

各 STEP はふつう2つの文で示されます。上の文から下の文へ、英語の表現が1つ新しくなります。それがワンステップです。上の文は、すでに習った形の文です。それを踏み段にして、下の新しい文を学習します。

3 ステップバックして 基礎がため！

下の文を理解するためには、上の文が理解できていなくてはなりません。上の文がわからない人は、 **→ STEP 4** のように示された STEP までもどり、基礎に立ち返って、足もとを固めましょう。

4 すっきり頭に入る シンプルな構成！

見ひらき2ページ・2 STEP で1つの項目を学習します。各 STEP は、ふつう2つの学習ポイント **POINT 1** **POINT 2** に分けてわかりやすく示されるので、めんどうな文法事項も、すっきり頭に入ります。

---

9 否定文のつくり方

STEP 17

I **speak** English.
私は英語を**話す**。 → STEP 4

↓

I **do not speak** English.
私は英語を**話さない**。(do not は don't と短縮できる)

☞ 上は、speak（話す）という一般動詞が使われている文です。下は、その speak の意味をうち消して、「話さない」という意味を表す文です。speak の前におかれた do not が"うち消し"のはたらきをしています。

POINT 1 「〜しない」という"うち消し"の意味を表す文を「否定文」といいます。一般動詞の文では、動詞の前に do not（= don't）をおいて否定文をつくります。

I **don't know** his sister.
私は彼の妹を知らない。
We **don't play** baseball.
私たちは野球をしない。
They **don't study** hard.
彼らは一生けんめい勉強しない。
● don't は do not を短縮した形です。英語ではこのような「短縮形」をよく使います。

POINT 2 主語が"3人称・単数"のときは、do を does にします。そして **does not**（= doesn't）のあとにくる動詞は、かならず原形（3人称・単数の s などのつかない、もとの形）にします。

She **doesn't play** tennis.
彼女はテニスを**しない**。(plays とはしない)
Tom **doesn't have** a dog.
トムは犬を**飼っていない**。(has とはしない)
● doesn't は does not の短縮形です。

NOTE
主語が3人称・単数の文を否定文に書きかえるときは、動詞の形に気をつけましょう。
He **likes** tennis. 彼はテニスが好きだ。
He **doesn't like** tennis. 彼はテニスが好きではない。

26

5 豊富な例文で 学力がしっかり定着！

この本は、なによりも例文を読むことによって、英語のしくみ（＝文法）が自然に身につくようにつくられています。たくさんの例文をしっかり読むことが、学力を定着させるいちばんの近道です。

音声の聞き方 （聞き方は2種類）

❶音声アプリ「きくもん」を ダウンロード

1 くもん出版のガイドページにアクセス
2 指示にそって、アプリをダウンロード
3 アプリのトップページで、『スーパー ステップ 中学英文法』を選ぶ

❷くもん出版のサイトから、 ダウンロード

音声ファイルをダウンロードすることもできます。

※「きくもん」アプリは無料ですが、ネット接続の際の通信料金は別途発生いたします。

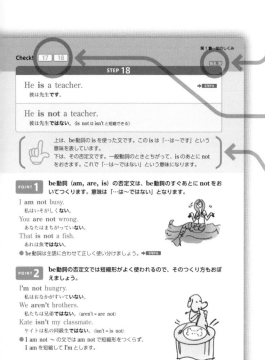

学習学年 〔1年〕

学習の目安にしてください。発展学習 と表示があるものは、おもに高校で習う内容です。

Check! 〔17〕〔18〕

STEP の学習がすんだら、チェック欄にしるし（✓）をつけましょう。

マーク

上と下の2つの文をわかりやすく説明してあります。

例文

例文は青い文字になっています。音声を聞きながら学習するときはこの青い文字を目印にしましょう。

NOTE 〔NOTE〕

ここにも受験などで必要になる重要な情報がのっています。しっかり読んで、STEP の理解を完全なものにしましょう。

---

6 音声を利用して 楽しく学習できる！

各ステップの英文と日本語訳には、すべて音声がついています。その音声を利用すれば、ディクテーション（書き取り）をしたり、英作文をしたりと、さまざまな学習のくふうができます。音声の入手方法については上をごらんください。

7 小さなステップで 大きな飛躍！

1つの STEP をやりおえると、確実に英語の表現力・読解力が1つステップアップします。1つ1つの STEP は小さくても、全体で大きな飛躍となります。がんばって最後までやり通しましょう。

SUPER STEP 中学英文法

CONTENTS

「目次」を利用しよう！
ひととおり学習したあとで、もし
苦手な文法項目が残っていたら、
「目次」で探して、そこを集中的に
復習してみるといいでしょう。

「さくいん」も利用しよう！
巻末には日本語と英語の「さくい
ん」があります。文法事項や文法
用語などでわからないものに出
会ったら、ここから調べましょう。

1

文のしくみ

STEP 1 ～ STEP 20

英語は、日本語と1つ1つのことばがちがうだけでなく、それらのことばを組み合わせて「文」をつくるときの、組み合わせ方にも、大きなちがいがあります。

この章では、その組み合わせ方の、いちばん基本的な部分を習います。ここで習ったことが、それぞれ"枝分かれ"するように発展し、深まっていって、よりゆたかな表現ができるようになっていくわけです。

1 アルファベット・単語・文

STEP 1

d , g , o / a , c , t / f , h , i , s
（アルファベットの1文字1文字には意味はありません）

---

dog / **cat** / **fish**
　犬　　　　ネコ　　　　魚

アルファベットの1文字1文字には意味はありません。ですから、上のようにバラバラにおかれただけでは、意味のあることばにはなりません。下では、それらのアルファベットの文字がまとまって、意味のあることばをつくっています。

POINT 1 アルファベットが決まった順番でならぶと、意味のあることばになります。これを「単語」といいます。

a , c , r / a , e , l , p , p / a , e , g , n , o , r
　　⇩　　　　　　⇩　　　　　　　　⇩
car / **apple** / **orange**
自動車　　　　リンゴ　　　　　　オレンジ

● ただし、1文字のアルファベットが単語になることもあります。
　aは「1つの」という意味の単語になります。

POINT 2 アルファベットには大文字と小文字があります。文の最初の単語は大文字ではじめます。その他、人名、地名なども大文字ではじめます。

This is my notebook.
　　これは私のノートです。
Tom / Japan / New York / Lake Biwa
トム　　　日本　　　ニューヨーク　　　琵琶湖

● 「私は」を意味する I はいつも大文字で表します。
　また、Mr. 〜（〜さん）、Dr. 〜（〜博士）などの略号
　も大文字ではじめます。

NOTE

単語になると、1文字1文字のアルファベットのときとは読み方が変わります。
たとえば、car は「**スィー エィ アー**」とは読まずに、「**カー**」と読みます。

復習

STEP 2

music,　like,　　I
音楽　　〜が好きだ　私は

I like music.
私は音楽が好きです。

上は、1つ1つの単語がバラバラにおかれているだけなので、全体で
何を伝えようとしているかはわかりません。
下は、一定のルールにしたがって単語をならべたもので、全体で1つ
の意味を表しています。

POINT 1　いくつかの単語が一定のルールにしたがってならび、全体で1つのまと
まった意味を伝えることができるようになったものを「文」といいます。

tennis,　play,　　　I
（テニス）（〜をする）（私は）

I play tennis.
私はテニスをします。

a,　student,　am,　　　I
（1人の）（生徒）（…は〜です）（私は）

I am a student.
私は（1人の）生徒です。

POINT 2　文の最初の単語は大文字ではじめます。文のおわりにはピリオド（ . ）
をつけます。

soccer,　　play,　　　**we**
（サッカー）（〜をする）（私たちは）

We play soccer.
私たちはサッカーをします。

a,　teacher,　is,　　**s**he
（1人の）（先生）（…は〜です）（彼女は）

She is a teacher.
彼女は（1人の）先生です。

NOTE

文はふつう、主語・動詞を中心にしてできています。
ここから先は、文をつくる基本的な要素を1つ1つ見ていきます。

2 動詞と文（1） 一般動詞（現在）

STEP 3

I _____ .
私は_____。

I **walk**. / I **run**. / I **swim**.
私は**歩く**。　　　私は**走る**。　　　私は**泳ぐ**。

上は、「だれが」を表すことば（主語）だけがあって、「何をするか」を表すことばがありません。
下は、「だれが」を表すことばのあとに「何をするか」を表すことばがきています。このようにして文の形ができます。

POINT 1　人やものが「何をするか」（動作）を表すことばを「動詞」といいます。英語では、ふつう主語の次に動詞がきます。

We **walk**.
　私たちは**歩く**。
They **run**.
　彼らは**走る**。
Birds **fly**.
　鳥たちは**飛ぶ**。

POINT 2　動詞のあとには、「どんなふうに」とか「いつ」「どこで」といった意味を表すことばがくることがよくあります。

You **run fast**.
　あなたは**速く走る**。
I **live here**.
　私は**ここに住んでいる**。
They **live in Canada**.
　彼らは**カナダに住んでいる**。

● 「どんなふうに」「いつ」「どこで」といった意味を表すことばは、１つの単語のときもありますし、２つ以上の単語の組み合わせ（句）のときもあります。このようなことばについては、あとでくわしく習います。➡ **STEP 15・140**

NOTE
動詞の中には、live（住んでいる）のように、"動作"を表すというよりは"状態"を表すといったほうがいいものもあります。

Check! 3 4

STEP 4

I walk.
私は**歩く**。   → STEP 3

I speak English.
私は**英語を話す**。

上の文は、walk（歩く）でおわっていますが、下の文は、speak（話す）のあとに English（英語）がきています。speak English で「英語を話す」という意味になります。
下の文は、動詞のあとに「〜を」を表すことばのある文です。

POINT 1 動詞（〜する）のあとに「〜を」を表すことばがくることがあります。このようなことばを「目的語」といいます。目的語は動詞のあとにきて、"動作の対象"となる人やものを表します。

I know Tom.
私は**トムを知っている**。

You have a camera.
あなたは**カメラをもっている**。

We clean this room.
私たちは**この部屋をそうじする**。

●目的語は1語のこともありますし、2語以上になることもあります。

POINT 2 あとに目的語（〜を）がくる動詞を「他動詞」、こない動詞を「自動詞」といいます。この区別は英語ではとてもたいせつです。

I drink milk.
私は**牛乳を飲む**。〈drink は他動詞〉

I swim.
私は**泳ぐ**。〈swim は自動詞〉

●なお、I swim **fast**.（私は**速く**泳ぐ）などというときの fast は、目的語ではなく"副詞"です。 → STEP 15

NOTE

動詞によっては、meet（〜に会う）や like（〜が好きだ）のように、目的語を「〜を」ではなく、「〜に」「〜が」などと訳したほうが自然なものもあります。

I like music. 私は**音楽が好きです**。

13

3 動詞と文 (2) be動詞 (現在)

STEP 5

I **know** Mary.　　　　　　　　　　　　➡ STEP 4
　私はメアリーを**知っている**。

I **am** Mary.
　私はメアリー**です**。

> 上は、「私は・メアリーを・知っている」という意味で、あとに目的語（〜を）がくる文です。
> 下は、「私は・メアリー・です」の意味で、上の文とは性質のちがう文です。これは am という動詞が特別な動詞だからです。

POINT 1　「A（主語）はBです」といいたいとき、つまり「A＝B」の関係を表したいとき、AとBを特別な動詞でむすびます。これを「**be動詞**」といいます。そして、**be動詞以外の動詞は「一般動詞」**といいます。

I **am** Tom.
　私はトム**です**。〈am は主語がIのときの be動詞〉

I **am** a student.
　私は生徒**です**。

I **eat** cheese.
　私はチーズを**食べる**。〈eat は一般動詞〉

●一般動詞は主語が「何をするか」「何をしているか」を表し、be動詞は主語が「何か」「どんな性質や状態か」を表します。

POINT 2　**be動詞のあとにきて、主語とイコール（＝）の関係でむすばれることばを「補語」といいます。名詞**（ものや人を表すことば）のほかに、**形容詞**（性質や状態などを表すことば）も補語になります。

I am **shy**.
　私は**はずかしがりやです**。〈shy は性質を表す形容詞〉

I am **hungry**.
　私は**おなかがすいて**いる。〈hungry は状態を表す形容詞〉

●形容詞についてはあとでくわしく習います。➡ STEP 13・14

NOTE

なぜ "be動詞" というのかというと、この動詞の "もとの形（原形）" が「be」だからです。be そのものを使う文は、もっとあとで習います。

Check! 5 6

1年

STEP 6

I am a teacher.
私は先生です。

→ STEP 5

You are a student. / **Tom is** a student.
あなたは生徒です。　　　　　トムは生徒です。

上の文は主語が I（私は）なので、be動詞は am ですが、下の文では
主語が You（あなたは）と Tom（トムは）なので、be動詞は are と
is になっています。
be動詞は、このように主語によって使われる形が変わります。

POINT 1　be動詞は主語が何かによって、使い分けが必要です。主語が I（私は）
のときは **am**、**You**（あなたは）のときは **are**、それ以外の人・もので
単数（1人・1つ）のときは **is** を使います。

I am a singer.
　私は歌手です。
You are strong.
　あなたは強い。
He is my classmate.
　彼は私の同級生です。
That is my book.
　あれは私の本です。

■主語が単数のときの be動詞

I	（私は）	am
You	（あなたは）	are
He	（彼は）	
She	（彼女は）	
It	（それは）	is
That	（あれは）	
Tom	（トムは）	

POINT 2　主語が複数（2人以上・2つ以上）のときは、be動詞はいつも **are** を
使います。

We are young.
　私たちは若い。
You are my friends.
　あなたたちは私の友だちです。
They are my brothers.
　彼らは私の兄弟です。

■主語が複数のときの be 動詞

We	（私たちは）	
You	（あなたたちは）	
They	（彼らは・それらは）	are
These	（これらは）	
Tom and Mary	（トムとメアリーは）	

NOTE

英語では、**単数・複数**の区別と、**1人称・2人称・3人称**の区別がたいせつです。"人称"
というのは、「私」「あなた」「それ以外の人・もの」の区別を表すことばで、「人称代名詞」
のところでくわしく学習します。 → STEP 11

15

4 動詞と文 (3)　3人称・単数のs

STEP 7

I **like** music.

私は音楽が**好きです**。

→ STEP 4

Tom **likes** music.

トムは音楽が**好きです**。

上の文は、I（私は）が主語で、like（〜が好きだ）という一般動詞が使われています。
下の文では、主語が Tom（トムは）になったために、like が likes と形を変えています。

POINT 1
"私・あなた以外の人やもの" を「3人称」といいます。主語が3人称で単数（1人・1つ）のとき、一般動詞の語尾には -s をつけます。これを「3人称・単数の s」といいます。

He **runs** fast.

彼は速く走る。

She **knows** Kate.

彼女はケイトを知っている。

My father **plays** baseball.

2語で1つの主語

私の父は野球をする。

Our dog **eats** cake.

2語で1つの主語

私たちの犬（＝うちの犬）はケーキを食べる。

● 「私の父」や「うちの犬」も、"私・あなた以外の人やもの"なので、3人称です。

POINT 2
主語が3人称でも、複数（2人以上・2つ以上）のときは、動詞の語尾に -s はつけません。

They **like** soccer.

彼らはサッカーが好きだ。

Her parents **know** John.

2語で1つの主語

彼女の両親はジョンを知っている。

NOTE

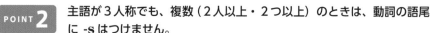

主語が3人称・単数で動詞の語尾に -s がつくのは、"現在"の文のときだけです。そのため、この -s を「3人称・単数・現在の s」（3単現の s）ともいいます。

Check! 7 8

STEP 8

I **have** a camera.
私はカメラを**もっている**。

→ STEP 4

He **has** a camera.
彼はカメラを**もっている**。

上の文は、主語が I（私は）で、一般動詞の have（もっている）が使われています。
下の文では、主語が He（3人称で単数）になっていますが、動詞の have は、語尾に -s がつくのではなく、has になっています。

POINT 1 主語が "3人称で単数" のとき、一般動詞は語尾に -s をつけるのが原則ですが、その原則からはずれるものもあります。

---

① 語尾が **o, ch, sh, ss, x** などでおわる動詞は、**-es** をつけます。

go（行く）⇒ **goes**, teach（教える）⇒ **teaches**,
wash（洗う）⇒ **washes**, pass（通る）⇒ **passes**,
mix（まぜる）⇒ **mixes**

He **goes** to bed early.　彼は早く寝る。
She **teaches** English.　彼女は英語を教えている。
He **washes** his car.　彼は自分の車を洗う。

---

② 語尾が「子音字 + y」でおわる動詞は、**y** を **i** に変えて **-es** をつけます。

study（勉強する）⇒ **studies**
try（努力する、ためす）⇒ **tries**

● 子音字：子音を表す文字のこと。
　ここでは、a, e, i, o, u 以外の文字をさす。

Tom **studies** hard.　トムは一生けんめい勉強する。

---

③ 動詞 **have** だけは特別に **has** にします。
完全に不規則な変化です。

She **has** two brothers.
　彼女には兄弟が2人いる。

-s, -es の発音

☆ふつうは [z] と発音する。
　runs [ránz]（走る）
　goes [góuz]（行く）

☆ [p] [k] [t] [f] の音のあとの s は [s] と発音する。
　helps [hélps]（助ける）
　works [wɜ́ːrks]（働く）

☆ [ʃ] [tʃ] [z] [ʒ] [dʒ] [s] の音のあとの es は [iz] と発音する。
　washes [wáʃiz]（洗う）
　teaches [tíːtʃiz]（教える）

5 名詞と文　主語・目的語・補語

STEP 9

_____ plays tennis.

_____テニスをする。

Tom plays tennis.　/　**My brother** plays tennis.

トムはテニスをする。　　　　　　**私の兄は**テニスをする。

上には、「何をするか」を表すことばしかなく、「だれが」それをするのか（主語）は示されていません。
下では、動詞の前に「だれが」（主語）を表すことば（Tom や My brother）があって、文として完成しています。

POINT 1 人やものを表すことばを「名詞」といいます。名詞は文の「主語」（〜は）になることができます。主語のあとにはふつう動詞がきます。〈主語＋動詞〉で、文の骨ぐみができあがります。

Tom has a camera.
トムはカメラをもっています。
Music is my favorite subject.
音楽は私のいちばん好きな科目です。

● 〈主語＋動詞〉で「トムは〜をもっている」「音楽は〜だ」
という文の骨ぐみができます。日本語と語順がちがうので注意しましょう。

POINT 2 名詞の前にはいろいろな語句がつきます。**a**（１つの）、**the**（その）、**my**（私の）、**your**（あなたの）、**that**（あの）などは、その代表的なものです。

The dog is cute.
<u>2語で1つの主語</u>
その犬はかわいい。
My sister plays the piano.
<u>2語で1つの主語</u>
私の妹はピアノをひく。
That girl is my classmate.
<u>2語で1つの主語</u>
あの女の子は私の同級生です。

●これらの語句については、あとでくわしく習います。

NOTE

名詞にはいろいろな種類がありますが、ここでは"人やものを表すことばである"という基本と、それが"文の中ではたす役割"にしぼって、しっかりと理解しましょう。

Check! 9 10

STEP 10

Betty loves ____ .
ベティーは_____愛している。

Betty loves **music**. / Betty loves **John**.
ベティーは**音楽を**愛している。   ベティーは**ジョンを**愛している。

上の文には、「愛する」という動詞（loves）のあとに「何を」を示すことば、つまり目的語がありません。これでは文として不完全です。下の文には、「愛する」の目的語となる music（音楽）や John（ジョン）があり、他動詞の文が完成しています。

POINT 1 名詞は動詞の「目的語」（〜を）になることもあります。目的語というのは、動詞の表す動作の対象となる人やもののことで、他動詞の文にはかならずあります。→ STEP 4

Tom speaks **Japanese**.
トムは**日本語を**話します。

The boy plays the **guitar**.
その少年は**ギターを**ひきます。

●「話す」「ひく」という動作の対象が「日本語」「ギター」です。

トムです

POINT 2 名詞は動詞の「補語」にもなります。補語というのは、be動詞のあとにきて、主語とイコール（＝）の関係でむすばれることばです。→ STEP 5

That girl is a **singer**.
あの少女は**歌手**です。

John is my **brother**.
ジョンは私の**兄**です。

●なお、一般動詞の中にも、あとに補語がくるものがあります。→ STEP 87

NOTE

名詞のもう1つの重要な使い方についても、かんたんに見ておきましょう。前置詞のあとについて、いろいろな意味を表す使い方です。→ STEP 139〜141

I play tennis **with Kate**. 私は**ケイトと**テニスをする。

● with は、後ろに名詞や代名詞がきて、「〜といっしょに」という意味を表します。

6 代名詞と文　人称代名詞

STEP 11

Tom plays tennis. → STEP 9

トムはテニスをします。

Tom is my friend.　**He** plays tennis.

トムは私の友だちです。**彼は**テニスをします。

上の文は、名詞の Tom（トム）が主語です。
下の2つめの文では、主語に He（彼は）が使われています。英語では、
だれをさしているかがはっきりしているときは、ふつう同じ名詞をくり返さずに、"名詞の代わりをすることば"を使います。

POINT 1　名詞の代わりをすることばを「代名詞」といいます。"人称"（下の
NOTE を参照）を表す代名詞を「人称代名詞」といいます。人称代名詞
は文の主語（〜は）になることができます。

Kate is my sister.　**She** likes animals.

ケイトは私の妹です。**彼女は**動物が好きです。〈Kate ⇒ She〉

I have a cat.　**It** is black.

私はネコを飼っています。**それは**黒い色をしています。〈a cat ⇒ It〉

Who are those boys? — **They** are my classmates.

あの男の子たちはだれですか。── **彼らは**私の同級生です。〈those boys ⇒ They〉

●英語ではふつう、同じ名詞をくり返さず、代名詞を使います。

POINT 2　人称代名詞は、使い方によって形が決まっています。主語として使うと
きの形を「主格」といいます。主格の人称代名詞をおぼえましょう。

人 称	単 数	複 数
1人称	I　（私は）	we　（私たちは）
2人称	you（あなたは）	you（あなたたちは）
3人称	he　（彼は）	they（彼らは）
	she（彼女は）	they（彼女らは）
	it　（それは）	they（それらは）

We play soccer.

私たちはサッカーをする。

You sing well.

あなたはじょうずに歌う（＝歌がうまい）。

They are lions.

それらはライオンです。

● "もの"や"動物"に対しては、ふつう it, they を使います。

NOTE

"人称"というのは、「私」（1人称）、「あなた」（2人称）、「それ以外の人・もの」（3人称）
の区別を表します。それぞれに単数・複数があります。

20

Check! 11 12

STEP 12

I love John.
私はジョンを愛している。

→ STEP 11

John loves me.
ジョンは**私を**愛している。

上の文では、"私"は主語なので、I（私は）が使われています。
下の文では、"私"は動詞 loves の目的語になっているので、形を変えて me（私を）が使われています。
なお、名詞の John は、主語のときも目的語のときも形は同じです。

POINT 1　人称代名詞は動詞の目的語（〜を）にもなります。目的語として使われるときの形を「目的格」といいます。主格のときとは、しばしば形が変わります。

Tom is my friend.　Betty loves **him**.
　トムは私の友だちです。ベティーは**彼を**愛しています。〈Tom ⇒ him〉

I like the song. — I like **it**, too.
　私はその歌が好きです。── 私も**それが**好きです。〈the song ⇒ it〉

●英語ではふつう、同じ名詞をくり返し使わず、代名詞を使います。

POINT 2　目的格の人称代名詞を、人称および単数・複数の別におぼえましょう。

人 称	単 数	複 数
1人称	me　（私を）	us　（私たちを）
2人称	you （あなたを）	you （あなたたちを）
3人称	him （彼を）	them （彼らを）
	her （彼女を）	them （彼女らを）
	it　（それを）	them （それらを）

Kate helps **us**.
　ケイトは**私たちを**手伝ってくれる。
She loves **you**.
　彼女は**あなたを**愛している。
I know **her**.
　私は**彼女を**知っている。

●人称代名詞には、ほかに「〜の」を意味する"所有格"もあります。→ STEP 48

NOTE...

前置詞のあとに代名詞を使うときも目的格にします。
（前置詞についてはあとで習います）
I play tennis **with him**.　私は**彼と**テニスをする。

21

STEP 13

I have a **bike**.

→ STEP 4

私は**自転車**をもっている。

I have a **red bike**.

私は**赤い自転車**をもっている。

上の文では、bike（自転車）という名詞の前に「1つの」を意味するa しかついていません。（この a については → STEP 57 ）
下の文では、bike の前に red（赤い）ということばが加わっています。
これによって、どんな自転車かがもっとくわしく表現できます。

POINT 1　人やものの性質・形状・数量などを表すことばを「形容詞」といいます。
形容詞は名詞の前において、名詞を修飾することができます。

She is a **kind** girl.

彼女は**親切な**女の子です。〈a（1人の）は形容詞の前におく〉

The **big** dog is Taro.

その**大きな**犬はタロウです。〈the（その）は形容詞の前におく〉

I have **three** brothers.

私には**3人の**兄弟がいる。

●形容詞は、文の中でどのようなはたらき（主語・補語・目的語）をしている名詞にもつけることができます。

POINT 2　1つの名詞を複数の形容詞が修飾することもあります。

I have a **beautiful blue** ring.

私は**美しい青い**指輪をもっている。

The **two young** girls live in New York.

その**2人の若い**女の子はニューヨークに住んでいる。

NOTE ....

this や that にも形容詞としての使い方があります。名詞の前において、「この〜」「あの〜」という意味を表します。these や those にも同じ使い方があります。→ STEP 48

That boy is my classmate.　**あの**男の子は私の同級生です。

Check! 13　14

STEP **14**

She is a **kind** girl.
　彼女は**親切な**女の子です。 　　　　　　　　　　➡ STEP 13

She is **kind**.
　彼女は**親切**です。

 上の文では、girl（女の子）という名詞の前に kind（親切な）という形容詞がついています。
下の文では、kind の後ろに名詞はありません。この kind は、主語とイコール（＝）の関係でむすばれる補語のはたらきをしています。

POINT 1 形容詞には、名詞の前におく使い方のほかに、**be**動詞の補語としての使い方もあります。この場合は後ろに名詞はきません。

Betty is **shy**.
　ベティーは**はずかしがりや**です。

He is **tall**.
　彼は**背が高い**。

The dog is **hungry**.
　その犬は**おなかがすいている**。

POINT 2 次のように、ほとんど同じことを 2 通りの言い方で表すことができます。形容詞の使い方に注目しましょう。書きかえ問題でよく出題されます。

┌ This is a **sweet** apple.
│　　これは**あまい**リンゴだ。
└➤ This apple is **sweet**.
　　　このリンゴは**あまい**。

┌ That is a **useful** map.
│　　あれは**役に立つ**地図だ。
└➤ That map is **useful**.
　　　あの地図は**役に立つ**。

● This is ～ を This apple is ～ のようにするところも書きかえのポイントです。

NOTE ....

補語になる形容詞の前には a や the をつけないように気をつけましょう。a（1 つの）や the（その）は名詞につくことばです。

1年

STEP 15

I walk.

私は**歩く**。

→ STEP 3

I walk slowly.

私は**ゆっくりと歩く**。

上は、I（私は）という主語のあとに、walk（歩く）という動詞があるだけの文です。
下の文では、walk のあとに slowly（ゆっくりと）という語が加わって、動詞を修飾しています。

POINT 1 動詞（〜する）を修飾して、「いつ」「どこで」「どんなふうに」「どのくらい」といったさまざまな意味を表すことばを「副詞」といいます。

I live **here**.

私は**ここに**住んでいる。

He runs **fast**.

彼は**速く**走る。

●副詞は文の骨ぐみにはなりませんが、いろいろなことを表現します。文の表す意味をゆたかにしていくうえで、とてもたいせつな要素です。

POINT 2 副詞の多くは、文の主要素（主語・動詞・目的語・補語）のあとにおきます。目的語や補語がある文では、それらのあとになります。

She studies **hard**.

彼女は**一生けんめい**勉強する。〈動詞のあと〉

I know him **well**.

私は彼を**よく**知っている。〈目的語のあと〉

My father is busy **today**.

私の父は**きょうは**いそがしい。〈補語のあと〉

NOTE

副詞の中には、動詞の前などにおくものもあります。→ STEP 67

I **often** visit my uncle.　私は**よく**おじを訪問する。

Check! 15 16

STEP 16

Mary is a **kind** girl.

→ STEP 13

メアリーは**親切な**女の子です。

Mary is a **very kind** girl.

メアリーは**とても親切な**女の子です。

上の文では、kind（親切な）という形容詞が使われています。
下の文では、kind の前に very（とても）という副詞が加わって、形容詞を強めています。
このように、副詞は動詞以外のものを修飾することもあります。

POINT 1　副詞は動詞を修飾するだけでなく、形容詞を修飾することもあります。
そのような副詞は、修飾される形容詞の前におきます。

He is a **very** nice person.

彼は**とても**いい人です。〈very：とても〉

The weather is **really** nice.

天気は**本当に**すばらしい。〈really：本当に〉

You are **quite** right.

あなたは**まったく**正しい（＝まったくあなたの言うとおりだ）。〈quite：まったく〉

●形容詞を修飾する副詞はふつう "程度" を表す副詞です。

POINT 2　副詞はまた、別の副詞を修飾することもあります。
その場合も、修飾される副詞の前におきます。

She plays the piano **very** well.

彼女は**とても**じょうずにピアノをひきます。

He studies **too** hard.

彼は**あまりにも**一生けんめい勉強する（＝勉強しすぎだ）。〈too：あまりにも〉

● well（じょうずに）や hard（一生けんめい）は副詞です。それをさらに、副詞の very（とても）や too（あまりにも）が修飾しています。

NOTE

副詞の中には、文全体を修飾するものもあります。その場合、副詞はふつう文頭（あるいは動詞の前）におきます。

Sadly, this strawberry is not sweet.　**悲しいことに、**このイチゴはあまくない。

25

9 否定文のつくり方

STEP 17

I **speak** English.
私は英語を**話す**。

→ STEP 4

I **do not speak** English.
私は英語を**話さない**。〈do not は don't と短縮できる〉

上は、speak（話す）という一般動詞が使われている文です。
下は、その speak の意味をうち消して、「話さない」という意味を表す文です。speak の前におかれた do not が "うち消し" のはたらきをしています。

POINT 1 「〜しない」という "うち消し" の意味を表す文を「否定文」といいます。一般動詞の文では、動詞の前に **do not**（= **don't**）をおいて否定文をつくります。

I **don't know** his sister.
私は彼の妹を**知らない**。

We **don't play** baseball.
私たちは野球を**しない**。

They **don't study** hard.
彼らは一生けんめい**勉強しない**。

● don't は do not を短縮した形です。英語ではこのような「短縮形」をよく使います。

POINT 2 主語が "3人称・単数" のときは、**do** を **does** にします。そして **does not**（= **doesn't**）のあとにくる動詞は、かならず原形（3人称・単数の s などのつかない、もとの形）にします。

She **doesn't play** tennis.
彼女はテニスを**しない**。〈plays とはしない〉

Tom **doesn't have** a dog.
トムは犬を**飼っていない**。〈has とはしない〉

● doesn't は does not の短縮形です。

NOTE

主語が3人称・単数の文を否定文に書きかえるときは、動詞の形に気をつけましょう。

― He **likes** tennis.　彼はテニスが好きだ。
↳ He **doesn't like** tennis.　彼はテニスが好きではない。

STEP 18

He **is** a teacher. → STEP 6

彼は先生**です**。

He **is not** a teacher.

彼は先生**ではない**。〈is not は isn't と短縮できる〉

上は、be動詞の is を使った文です。この is は「…は〜です」という意味を表しています。
下は、その否定文です。一般動詞のときとちがって、is のあとに not をおきます。これで「…は〜ではない」という意味になります。

POINT 1 be動詞（am, are, is）の否定文は、be動詞のすぐあとに not をおいてつくります。意味は「…は〜ではない」となります。

I **am not** busy.

私はいそがしく**ない**。

You **are not** wrong.

あなたはまちがっていな**い**。

That **is not** a fish.

あれは魚**ではない**。

● be動詞は主語に合わせて正しく使い分けましょう。 → STEP 6

POINT 2 be動詞の否定文では短縮形がよく使われるので、そのつくり方もおぼえましょう。

I**'m not** hungry.

私はおなかがすいて**いない**。

We **aren't** brothers.

私たちは兄弟**ではない**。〈aren't = are not〉

Kate **isn't** my classmate.

ケイトは私の同級生**ではない**。〈isn't = is not〉

● I am not 〜 の文では am not で短縮形をつくらず、
I am を短縮して I'm とします。

NOTE

be動詞を使う文は、これからもいろいろ習います。進行形の文、受け身の文、There is 〜 の文などですが、どれも否定文は、be動詞のあとに not をおいてつくります。

STEP 19

You **speak** English.
あなたは英語を**話す**。

→ STEP 4

Do you **speak** English? — **Yes**, I **do**.
あなたは英語を**話します**か。 — はい、（私は）話します。

上は、speak（話す）という一般動詞を使ったふつうの文です。
下の文では、文頭に Do がおかれ、文末には、ピリオド（．）ではなく、クエスチョン・マーク＝疑問符（？）がついています。
これで「話しますか」という疑問文になります。

POINT 1　「～しますか」とたずねる文を「疑問文」といいます。一般動詞の疑問文は、文頭に **Do** をおき、文末に「**？**」をつけてつくります。

 答え方　「はい」 ⇒〈**Yes**, ＋代名詞＋ **do.**〉
　　　　　「いいえ」⇒〈**No**, ＋代名詞＋ **don't.**〉

Yes や No のあとには
コンマ（，）をつけます。

Do you **like** dogs? — **No**, I **don't**.
　あなたは犬が**好きですか**。 — いいえ、（私は）好きではありません。

● Do you ～?（あなたは～?）の問いに対しては、I（私は）を主語にして答えます。

Do they **play** soccer? — **Yes**, they **do**.
　彼らはサッカーを**しますか**。 — はい、（彼らは）します。

●これらの疑問文を声に出して言うときは、文のおわりを尻上がりに発音します。

POINT 2　主語が"3人称・単数"のときは、**Do** を **Does** にします。そして、あとにくる動詞は、かならず原形にします。

 答え方　「はい」 ⇒〈**Yes**, ＋代名詞＋ **does.**〉
　　　　　「いいえ」⇒〈**No**, ＋代名詞＋ **doesn't.**〉

Does Mary **like** dogs? — **Yes**, she **does**.
　メアリーは犬が**好きですか**。 — はい、（彼女は）好きです。〈likes とはしない〉

Does he **have** a camera? — **No**, he **doesn't**.
　彼はカメラを**もっていますか**。 — いいえ、（彼は）もっていません。〈has とはしない〉

NOTE ....

主語が3人称・単数の文を疑問文に書きかえるときは、動詞の形に気をつけましょう。

— He **plays** the piano.　彼はピアノをひきます。
→ Does he **play** the piano?　彼はピアノをひきますか。

STEP 20

He is a teacher.

→ STEP 6

彼は先生です。

Is he a teacher? — **Yes**, he **is**.

彼は先生ですか。 — はい、（彼は）そうです。

 上は、be動詞の is を使った文です。この is は「…は〜です」という意味を表しています。
下は、その疑問文です。一般動詞のときとはちがって、is を文頭にもってきて、Is he 〜? の形にして疑問文をつくります。

POINT 1 be動詞の疑問文は、主語と be動詞の順番をぎゃくにして〈Be動詞＋主語〜〉にし、文末に「？」をつけます。これで「…は〜ですか」とたずねる文になります。be動詞は主語に合わせて使い分けます。

答え方 「はい」 ⇒〈Yes, ＋代名詞＋ am / are / is.〉
「いいえ」⇒〈No, ＋代名詞＋ am not / aren't / isn't.〉

Are you a nurse? — **Yes**, I **am**.
あなたは看護師ですか。 — はい、（私は）そうです。

Are you an actor? — **No**, I'm not.
あなたは俳優ですか。 — いいえ、（私は）そうではありません。

Are you hungry? — **Yes**, we **are**.
あなたたちはおなかがすいていますか。 — はい、（私たちは）すいています。

Are they busy? — **No**, they **aren't**.
彼らはいそがしいですか。 — いいえ、（彼らは）いそがしくありません。

Is that Tokyo Tower? — **Yes**, it **is**.
あれは東京タワーですか。 — はい、そうです。

Is Linda your classmate? — **No**, she **isn't**.
リンダはあなたの同級生ですか。 — いいえ、（彼女は）そうではありません。

●これらの疑問文を声に出して言うときは、文のおわりを尻上がりに発音します。

NOTE

疑問文に対する答えの文では、主語を人称代名詞にします。

Does **Tom** play tennis? — **No**, **he** doesn't.
トムはテニスをしますか。 — いいえ、（彼は）しません。

Is **your brother** a musician? — Yes, **he** is.
あなたのお兄さんはミュージシャンなのですか。 — はい、（彼は）そうです。

ここでつまずかないように！

次の文のまちがいを見つけましょう。

1 This flower is a beautiful.
この花は美しい。

be動詞のあとには、名詞や形容詞がきます。名詞には、しばしば a がつきますが、形容詞にはつきません。a は「1つの」「1人の」を意味することばなので、"もの" や "人" を表すことばである名詞にはつきますが、"状態" や "様子" などを表すことばである形容詞にはつきません。ただし、**a** beautiful **flower**（1つの美しい花）のように、〈形容詞＋名詞〉の前に a がつくことはあります。

▲上の文は正しくは
次のようになります This flower is **beautiful.**

2 I play not soccer.
私はサッカーをしない。

be動詞の文は動詞（be動詞）のあとに not をつけて否定文をつくりますが、一般動詞の場合はちがいます。動詞の "前" に do not (= don't) や does not (= doesn't) をつけて否定文をつくります。

▲上の文は正しくは
次のようになります **I don't** play soccer.

3 Are you speak English?
あなたは英語を話しますか。

be動詞の疑問文が Are you や Is he などではじまるので、それにつられて一般動詞の疑問文も Are you などではじめてしまう人がよくいます。一般動詞と be動詞の区別をしっかりつけましょう。I **am** not play soccer.（×）のように、一般動詞の否定文で be動詞を使うまちがいも、よく見られます。

▲上の文は正しくは
次のようになります **Do** you speak English?

4 Does she likes cats?
彼女はネコが好きですか。

一般動詞の文では、主語が3人称・単数のとき、動詞の語尾に -s, -es がつきます（"現在" の文のとき）。しかし、疑問文の場合は、Does が文頭にきて、そのあとに〈主語＋動詞の原形〉がつづきます。"原形" というのは、-s, -es などがつかない、動詞の "もとの形" のことです。主語にひきずられて -s, -es をつけてしまわないように気をつけましょう。

▲上の文は正しくは
次のようになります Does she **like** cats?

2

動詞と助動詞

[STEP 21] ～ [STEP 40]

文を組み立てるうえで、いちばん"核"になるのが「動詞」
です。 そのことは、〈文のしくみ〉のところで習いましたが、
動詞にはもう１つ、とてもたいせつなはたらきがあります。
それは、"時"を表すというはたらきです。
また、動詞は「助動詞」の助けをかりて、表現をよりゆた
かにすることができます。この章では、この２つ、動詞の"時"
を表すはたらきと、助動詞のはたらきについて学習します。

1 「過去」の文（1）　一般動詞①

STEP 21

I **clean** this room every day.
➡ STEP 4
私は毎日この部屋を**そうじする**。

I **cleaned** this room yesterday.
私はきのうこの部屋を**そうじした**。

上は、clean（そうじする）という一般動詞を使った文で、「毎日そうじする」という "現在" のこと（習慣）をのべている文です。
下の文の cleaned は、clean の過去形で、これで「そうじした」という "過去" のできごとを表すことができます。

POINT 1 英語では、過去のことをいうときは動詞を「過去形」に変えます。一般動詞の過去形は、もとになる動詞の語尾に **-ed** をつけてつくります。

She help**ed** me.
　彼女は私を**助けてくれた**。
I visit**ed** Kyoto last Sunday.
　私はこの前の日曜日、京都を**訪れた**。

POINT 2 語尾に **-ed** をつけるのが原則ですが、その原則からはずれるものもあります。

We live**d** here.
　私たちはここに**住んでいた**。
He stud**ied** hard.
　彼は一生けんめい**勉強した**。
She stop**ped** suddenly.
　彼女はとつぜん**立ちどまった**。

> **-ed の発音**
>
> 次の３通りの発音があります。
> ☆ [t] と発音するもの
> 　helped, stopped
> ☆ [d] と発音するもの
> 　lived, cleaned
> ☆ [id] と発音するもの
> 　visited, wanted

①語尾が e でおわる動詞には、-d をつけます。	live（住む）　⇒ live**d** arrive（着く）　⇒ arrive**d**
②語尾が「子音字＋y」でおわる動詞は、y を i に変えて-ed をつけます。	study（勉強する）⇒ stud**ied** cry（泣く）　⇒ cr**ied**
③「アクセントのある短母音＋子音字」でおわる動詞は、子音字を重ねて-ed をつけます。	stop（とまる）　⇒ stop**ped**

● なお、「母音字＋y」でおわる動詞は、そのまま -ed をつけます。
［例］play（遊ぶ）⇒ play**ed**　/　enjoy（楽しむ）⇒ enjoy**ed**

Check! 21 22

STEP 22

They **speak** English.

➡ STEP 4

彼らは英語を**話す**。

They **spoke** English.

彼らは英語を**話した**。

上は"現在"の文で、動詞は speak（話す）が使われています。
下は"過去"の文ですが、動詞の語尾が -ed になっていません。
これは、speak という動詞の場合、過去形が spoke という特別な形
だからです。

POINT 1 一般動詞の過去形の中には、語尾が -ed にならない、不規則なものも
たくさんあります。基本的な動詞に多いので、1つ1つ確実におぼえて
おくようにしましょう。

I **went** to his house yesterday.
　私はきのう彼の家へ**行った**。〈went は go（行く）の過去形〉

We **ate** sandwiches.
　私たちはサンドイッチを**食べた**。〈ate は eat（食べる）の過去形〉

Mary **sang** very well.
　メアリーはとてもじょうずに**歌った**。〈sang は sing（歌う）の過去形〉

He **drank** coffee.
　彼はコーヒーを**飲んだ**。〈drank は drink（飲む）の過去形〉

POINT 2 上のような動詞を「不規則動詞」といいます。それに対して、語尾が
-ed になるような動詞を「規則動詞」といいます。

I **bought** a camera.
　私はカメラを**買った**。〈buy（買う）は不規則動詞。bought はその過去形〉

He look**ed** at her.
　彼は彼女を**見た**。〈look（見る）は規則動詞〉

●不規則動詞の変化（活用）については STEP 110 も参照。

NOTE
....

主語が3人称・単数でも、動詞の過去形には -s, -es はつきません。

She **ran** fast.　彼女は速く走った。〈ran は run（走る）の過去形〉

2 「過去」の文 (2) 一般動詞②

We **do not play** baseball.
私たちは野球を**しない**。

→ STEP 17

We **did not play** baseball.
私たちは野球を**しなかった**。

上は、一般動詞の"現在"の否定文で、動詞 play の前に do not（〜しない）がついています。
下は、一般動詞の"過去"の否定文で、do not が did not になっています。did は do の過去形です。

POINT 1 一般動詞の"過去"の否定文をつくるときは、動詞の前に **did not**（= **didn't**）をおきます。主語に何がきても **did** を使います。

I **didn't watch** TV last night.
　私はきのうの夜、テレビを**見なかった**。

He **didn't see** the movie.
　彼はその映画を**見なかった**。

● didn't は did not の短縮形です。
　英語ではこのような短縮形をよく使います。

POINT 2 **did not**のあとにくる動詞は過去形にはなりません。かならず原形です。
"過去"のふつうの文を否定文に書きかえるときは、動詞の形に気をつけましょう。

┌ I **called** her last night.
│　私はきのうの夜、彼女に電話をした。
└→ I didn't **call** her last night.
　　私はきのうの夜、彼女に電話をしなかった。

┌ She **went** to the party.
│　彼女はそのパーティーに行った。
└→ She didn't **go** to the party.
　　彼女はそのパーティーに行かなかった。

NOTE

didn't のあとにくる動詞には、主語が3人称・単数でも -s, -es はつきません。

He didn't **help** us.
　彼は私たちを助けてくれなかった。

Check! 23 24

STEP 24

Do you **play** soccer? — Yes, I **do**. ➡ STEP 19

あなたはサッカーを**しますか**。 — はい、（私は）します。

Did you **play** soccer yesterday? — Yes, I **did**.

あなたはきのうサッカーを**しましたか**。 — はい、（私は）しました。

上は、一般動詞の"現在"の疑問文とその答えです。文頭に Do がきています。答えの文にも do が使われています。
下は、一般動詞の"過去"の疑問文とその答えです。文頭が Do から Did に変わり、答えの文でも did が使われています。

POINT 1　一般動詞の"過去"の疑問文は、**Did** を文頭におき、〈**Did** ＋主語＋動詞の原形…**?**〉の形にします。

 「はい」 ⇒ 〈**Yes,** ＋代名詞＋ **did.**〉
「いいえ」 ⇒ 〈**No,** ＋代名詞＋ **didn't.**〉

Did you **read** the book? — **No**, I **didn't**.
あなたはその本を**読みましたか**。 — いいえ、読みませんでした。
Did Tom **come** to the party? — **Yes**, he **did**.
トムはそのパーティーに**来ましたか**。 — はい、来ました。

POINT 2　〈**Did** ＋主語〉のあとにくる動詞は過去形にはなりません。かならず原形です。"過去"のふつうの文を疑問文に書きかえるときは、動詞の形に気をつけましょう。

They **enjoyed** the party.
　彼らはそのパーティーを楽しみました。
Did they **enjoy** the party?
　彼らはそのパーティーを楽しみましたか。
She **bought** the dress.
　彼女はそのドレスを買った。
Did she **buy** the dress?
　彼女はそのドレスを買いましたか。

NOTE

〈**Did** ＋主語〉のあとにくる動詞には、主語が 3 人称・単数でも -s, -es はつきません。
Did he **work** hard?　彼は一生けんめい働きましたか。

35

3 「過去」の文（3） be動詞

1年

STEP 25

I **am** busy. →STEP 5 / I **am** not busy. →STEP 18

私はいそがしい。 私はいそがしく**ない**。

I **was** busy. / I **was** not busy.

私はいそがし**かった**。 私はいそがしく**なかった**。

上は、be動詞の"現在"の文です。主語がIなのでamが使われています。また、否定文ではamのあとにnotがおかれています。
下は、上の文を"過去"にしたものです。amがwasに変わり、am notがwas notに変わっています。

POINT 1 be動詞の"過去"の文は、be動詞を「過去形」にしてつくります。be動詞の過去形は2つあります。**am, is**の過去形は**was**で、**are**の過去形は**were**です。

I **was** happy yesterday.
　私はきのううれし**かった**。
The movie **was** very interesting.
　その映画はとてもおもしろ**かった**。
They **were** my classmates.
　彼らは私の同級生**だった**。
●主語とbe動詞の過去形の対応は右のようになります。

■be動詞の過去形（主語が単数）

主語		be動詞
I	（私は）	was
You	（あなたは）	were
He	（彼は）	was
She	（彼女は）	
It	（それは）	

POINT 2 be動詞の"過去"の否定文は、**was**や**were**のすぐあとに**not**をおき、**was not (= wasn't), were not (= weren't)**とします。

I **was** not tired.
　私はつかれてはい**なかった**。
The weather **wasn't** nice.
　天気はよく**なかった**。
They **weren't** kind.
　彼らは親切では**なかった**。
●短縮形のwasn'tやweren'tがよく使われます。

■be動詞の過去形（主語が複数）

主語		be動詞
We	（私たちは）	were
You	（あなたたちは）	
They	（彼らは）	
They	（彼女らは）	
They	（それらは）	

主語は人称代名詞で代表させています。

NOTE

be動詞の"過去"の文も、一般動詞と同じように、動詞を過去形にすればいいのですが、否定文のつくり方は一般動詞とちがいます。 →STEP 23

Check!　25　26

1 年

STEP 26

→ STEP 20

Are you busy now? — Yes, I **am**.

あなたはいまいそがしいですか。 — はい、（私は）いそがしいです。

Were you busy yesterday? — Yes, I **was**.

あなたはきのういそがしかったですか。 — はい、（私は）いそがしかったです。

上は、be動詞の "現在" の疑問文とその答えです。Are you 〜? というように、〈Be動詞＋主語〉ではじまっています。
下は、be動詞の "過去" の疑問文とその答えです。〈Be動詞＋主語〉の形はそのままで、Are が過去形の Were に変わっているだけです。

POINT 1　be動詞の疑問文のつくり方は、一般動詞とはちがいます。主語とbe動詞の順番をぎゃくにして〈Be動詞＋主語 …?〉の形にします。これは過去の文でも同じです。

答え方　「はい」 ⇒〈Yes, ＋代名詞＋ was / were.〉
　　　　　「いいえ」 ⇒〈No, ＋代名詞＋ wasn't / weren't.〉

Was Kate your classmate? — **No**, she **wasn't**.
　ケイトはあなたの同級生だったのですか。 — いいえ、ちがいます。

Was the movie interesting? — **Yes**, it **was**.
　その映画はおもしろかったですか。 — はい、おもしろかったです。

Were you a boy scout? — **No**, I **wasn't**.
　あなたはボーイスカウトだったのですか。 — いいえ、ちがいます。

Were you good friends? — **Yes**, we **were**.
　あなたたちは親友だったのですか。 — はい、そうでした。

Were they angry? — **No**, they **weren't**.
　彼らは怒っていましたか。 — いいえ、怒ってはいませんでした。

●主語に合わせて was と were を正しく使い分けましょう。

NOTE

一般動詞と be動詞の疑問文のつくり方のちがいを確認しておきましょう。

⌐ She **worked** hard.　彼女は一生けんめい働いた。
└▶ **Did** she **work** hard?　彼女は一生けんめい働きましたか。

⌐ She **was** sick.　彼女は病気だった。
└▶ **Was she** sick?　彼女は病気だったのですか。

4 「未来」の文 (1)

STEP 27

He **helped** me.	→ STEP 21
彼は私を**助けてくれた**。	

He **will help** me.
彼は私を**助けてくれるでしょう**。

上の文では、動詞 help（助ける）の語尾に -ed がついて過去形になっています。これで"過去"の文になります。
下の文では、help の前に will があります。このように、動詞（原形）の前に will をおくと、"未来"の文になります。

POINT 1
英語で"未来"のことをいうときは、動詞を変化（活用）させるのではなく、〈**will** ＋動詞の原形〉の形にします。これで ①「～するでしょう」という意味を表します。これを「単純未来」といいます。

He **will arrive** tomorrow.
彼はあす到着するでしょう。
〈will のあとの動詞には"3人称・単数の s"はつけない〉

The concert **will end** at eight.
そのコンサートは8時に**おわるでしょう**。

They **will come** back soon.
彼らはまもなく**もどってくるでしょう**。

●この will のように、動詞の意味を助けるはたらきをするものを「助動詞」といいます。
主語が3人称・単数でも、助動詞には -s, -es はつきません。 → STEP 35

POINT 2
will はまた、②「（これから）～するつもりだ」という意味で使うこともあります。これを「意志未来」といいます。

I **will go** with him.
私は彼といっしょに**行くつもりです**。

●この言い方には、主語となる人の"意志"が表されています。
①②のどちらの意味にとるかは、場面に合わせて決めましょう。

NOTE

主語の代名詞と will は、しばしば短縮形（～'ll）で使われます。
I'll play the violin.　私はバイオリンをひくつもりです。〈I'll = I will〉
They'll leave tomorrow.　彼らはあす出発するでしょう。〈They'll = They will〉

Check! 27 28

1・2 年

STEP 28

He **will help** me. → STEP 27
彼は私を**助けてくれるでしょう**。

He **will not help** me.
彼は私を**助けてくれないでしょう**。

上は、ふつうの "未来" の文です。will のあとに動詞の help（原形）がきています。
下は、"未来" の否定文です。will のあとにうち消しを表す not がおかれていて、動詞の help（原形）はそのあとにきています。

POINT 1 未来の否定文をつくるときは、**will** のあとに **not** をおき、〈**will not ＋動詞の原形**〉の形にします。**will not** の短縮形 **won't** もよく使われます。

It **will not rain** tomorrow.
あすは**雨はふらないでしょう**。〈この It は天候を表す〉

She **won't drink** coffee.
彼女はコーヒーは**飲まないでしょう**。〈won't の発音は [wóunt]〉

I **won't go** to the party.
私はそのパーティーには**行かないつもりです**。

● 過去の否定文は〈did not 〜〉、未来の否定文は〈will not 〜〉です。

POINT 2 be動詞の未来の文も、一般動詞と同じようにしてつくります。be動詞（am, are, is）の原形は be なので、ふつうの文は〈**will be 〜**〉、否定文は〈**will not be 〜**〉となります。

I'll be fourteen next month.
私は来月 14 歳になります。〈I'll = I will〉

He **won't be** busy tomorrow.
彼はあすはいそがしくないでしょう。〈won't = will not〉

NOTE ....

近い未来のことを、be going to 〜（〜しようとしている、〜するつもりだ）という熟語で表すこともできます。→ STEP 96

─ We **are going to** have a party tomorrow.
─ We **will** have a party tomorrow.
　私たちはあすパーティーをひらきます。

39

5 「未来」の文 (2)

STEP 29

He **will come** tomorrow. → STEP 27

彼はあす**来るでしょう**。

Will he **come** tomorrow? — **Yes**, he **will**.

彼はあす**来るでしょうか**。 — はい、（彼は）来るでしょう。

 上は、ふつうの"未来"の文です。主語の He のあとに will がきて、He will 〜 . の形の文になっています。
下は、"未来"の疑問文とその答えです。疑問文は、主語と will の順番がぎゃくになって、Will he 〜? の形の文になっています。

POINT 1 未来の疑問文をつくるときは、**will** を主語の前にもってきて、〈**Will ＋主語＋動詞の原形…?**〉の形にします。これで「〜するだろうか」という意味になります。

答え方 「はい」 ⇒ 〈**Yes,** ＋代名詞＋ **will.**〉
「いいえ」⇒ 〈**No,** ＋代名詞＋ **won't.**〉

Will it **rain** tomorrow? — **No**, it **won't**.
あすは**雨がふるでしょうか**。 — いいえ、ふらないでしょう。

Will Jim **help** us? — **Yes**, he **will**.
ジムは私たちを**助けてくれるでしょうか**。 — はい、助けてくれるでしょう。

Will they **arrive** on time? — **No**, they **won't**.
彼らは時間どおりに**着くでしょうか**。 — いいえ、着かないでしょう。

● won't は will not の短縮形です。

POINT 2 **be動詞の場合も疑問文のつくり方は同じです。be動詞の原形は be なので、〈Will ＋主語＋ be 〜?〉となります。**

Will you **be** free next Sunday? — **Yes**, I **will**.
あなたは次の日曜日はあいて**いますか**。 — はい、あいています。

● free は形容詞なので、be動詞の原形の be を忘れずに入れましょう。

NOTE
....

What などの疑問詞 (→ STEP 71) を使った will の疑問文は次のようになります。

What will you **do** tomorrow? — I'll go shopping.
あなたはあすは何をするつもりですか。 — 買い物に行くつもりです。

STEP **30**

Will you come tomorrow? — Yes, I will.　→ STEP 29
あなたはあす**来ますか**。 — はい、（私は）行きます。

Will you open the window? — Sure.
窓を**開けてくれませんか**。 — いいですよ。

上は、Will you ではじまるふつうの未来の疑問文です。意味は「あなたは〜しますか」です。
下の文は、同じ Will you ではじまっていますが、これで「〜してくれませんか」という "依頼" の意味を表します。

POINT 1　〈Will you 〜?〉で、「あなたは〜しますか」ではなく、「〜してくれませんか」という "依頼" の意味を表すことがあります。答え方はいろいろあります。

答え方　「はい」　⇒ Sure. / All right. / Yes, I will.
「いいえ」⇒ I'm sorry, (but) I can't.

Will you close the curtains? — Sure.
カーテンを閉め**てくれませんか**。 — いいですよ。
Will you help me? — I'm sorry, I can't.
手伝っ**てくれませんか**。 — すみませんが、できません。

POINT 2　〈Will you 〜?〉はまた、「〜しませんか」という "勧誘" の意味を表すこともあります。答えるときは、その場に合った答え方をしましょう。

答え方　「はい」　⇒ Yes, I will. / Yes, please.
「いいえ」⇒ No, I won't. / No, thank you.

Will you come with us? — Yes, I will.
私たちといっしょに来**ませんか**。 — はい、行きます。
Will you have some orange juice? — Yes, please.
オレンジジュースを飲み**ませんか**。 — はい、おねがいします。

> **NOTE**
> 〈Won't you 〜?〉でも「〜しませんか」という "勧誘" の
> 意味を表す文になります。
> Won't you come with us? — Yes, I will.
> 私たちといっしょに来**ませんか**。 — はい、行きます。

6 進行形の文（1） 進行中の動作

STEP 31

Birds **fly**. → STEP 3

鳥たちは（空を）**飛ぶ**。

Birds **are flying**.

鳥たちが（空を）**飛んでいる**。

上は、fly（飛ぶ）という動詞を使ったふつうの"現在"の文です。「鳥たちは（空を）飛ぶ」という一般的な事実をのべています。
下の文は、動詞の部分が are flying となっています。このような形にすると、「いまちょうど飛んでいるところだ」という意味を表します。

POINT 1　〈be動詞＋〜ing〉で、進行中の動作（〜しているところだ）を表します。〜ing は動詞の語尾に -ing をつけた形です。

現在進行形の文　be動詞は現在形。「（いま）〜している」という意味を表します。

He **is talking** to Mary.

彼はメアリーと**話をしている**。

They **are playing** baseball on the playground.

彼らは運動場で野球を**している**。

過去進行形の文　be動詞は過去形。「（そのとき）〜していた」という意味を表します。

She **was reading** a book.

彼女は本を**読んでいた**。

POINT 2　動詞の語尾に -ing をつけたものを「ing 形」といいます。ing 形のつくり方は次のようになります。

①ふつうは、動詞の語尾に -ing をつけます。

I'm watch**ing** TV now.

私はいまテレビを見ている。〈watch ⇒ watching〉

②語尾が e でおわる動詞は、e をとって -ing をつけます。

He is writ**ing** a letter.

彼は手紙を書いている。〈write ⇒ writing〉

③語尾が「アクセントのある短母音＋子音字」でおわる動詞は、子音字を重ねて -ing をつけます。

We were sit**ting** on the bench.

私たちはベンチにすわっていた。〈sit ⇒ sitting〉

STEP 32

He is watching TV now.

彼はいまテレビを見ている。　　　　　　　　　　→ STEP 31

Is he watching TV now? — Yes, he is.

彼はいまテレビを見ているのですか。── はい、（彼は）見ています。

上は、現在進行形の文です。is watching 〜 で「〜を見ている」という意味になります。
下は、それを疑問文にしたものです。ふつうの be動詞の疑問文と同じで、主語と be動詞の順番をぎゃくにすると疑問文になります。

POINT 1　進行形の否定文をつくるときは、**be動詞のあとに not** をおきます。前に習った be動詞の否定文のつくり方と同じです。〈**be動詞 + not + 〜ing**〉の形になります。

She isn't studying now.

彼女はいま勉強をしていない。〈isn't = is not〉

They weren't fighting.

彼らはけんかをしてはいなかった。〈weren't = were not〉

●否定文では isn't, aren't, wasn't などの短縮形をよく使います。

POINT 2　進行形の疑問文をつくるときは、主語と be動詞の順番をぎゃくにして、〈**Be動詞 + 主語 + 〜ing …?**〉の形にします。

> **答え方**　「はい」⇒〈Yes, +代名詞+ is / are / was. など〉
> 　　　　　「いいえ」⇒〈No, +代名詞+ isn't / aren't / wasn't. など〉

Are you crying? — No, I'm not.

あなたは泣いているのですか。── いいえ、泣いてはいません。

Is your mother cooking now? — Yes, she is.

お母さんはいま料理をしているのですか。── はい、そうです。

Was he sleeping? — No, he wasn't.

彼は眠っていましたか。── いいえ、眠ってはいませんでした。

> No,
> I'm not.

NOTE

know（知っている）や like（好きだ）のように、"動作" ではなく "状態" を表す動詞は、ふつう進行形にはしません。「私は彼を知っている」は I know him. です。

7 進行形の文 (2) さまざまな用法

STEP 33

He is waiting for you.
彼はあなたを**待っています**。

→ STEP 31

He is arriving next week.
彼は来週、**到着することになっています**。

 上は、「(いま) あなたを待っている」という "進行中の動作" を表す文です。動詞の部分が〈is +〜ing〉の形になっています。
下の文も、動詞の部分は〈is +〜ing〉の形ですが、こちらは「(来週)到着することになっている」という意味を表しています。

POINT 1 「行く」「来る」「出発する」「到着する」などの意味を表す動詞が進行形(be動詞+〜ing)の形になると、しばしば "近い未来" を表します。

I'm leaving for New York tomorrow.
　私はあすニューヨークへ**出発します**。
She **is coming** back soon.
　彼女はまもなく**もどってきます**。
We **are visiting** the museum this weekend.
　私たちは今週末その美術館を**訪れます**。

POINT 2 この用法は、近い未来の "予定・計画・意志" などを表すときに使います。「〜することになっている」「〜するつもりだ」などの意味を表します。

We **are giving** a party next Friday.
　私たちはこんどの金曜日にパーティーを**ひらきます**。
They **are releasing** a new album next month.
　彼らは来月新しいアルバムを**リリースすることになっている**。
●このように、「行く」「来る」などとは異なる意味の動詞でも、この表現が使われることがあります。

NOTE

人に呼ばれて「いま行きます」と答えるとき、I'm coming. という表現をよく使いますが、これもここで習った用法です。
Are you ready? — **I'm coming**!
　用意できた？ — いま**行きます**！

44

Check! 33 34

STEP 34

He **is playing** a game now.

彼はいまゲームを**しています**。

→ **STEP 31**

He **is always playing** games.

彼は**いつも**ゲームを**してばかりいます**。

上の文は、「(いま) ゲームをしている」という意味で、"進行中の動作"を表しています。
下の文は、「(いつも) ゲームをしてばかりいる」という意味で、"動作の反復"を表しています。is のあとの always に注目しましょう。

POINT 1　進行形の文に副詞の**always**(いつも)が加わって〈be動詞＋**always**＋～**ing**〉の形になると、「いつも～してばかりいる」という意味になります。しばしば非難めいた言い方になります。

He **is always making** jokes.

彼は**いつも**冗談を**言ってばかりいる**。

She **is always complaining**.

彼女は**いつも**不平を**言ってばかりいる**。

● always のほかに constantly(たえず)などの副詞も使われます。

POINT 2　"変化"を表す動詞、たとえば「生」から「死」への変化を表す **die**(死ぬ)という動詞が進行形(**be dying**)になると、「死んでいる」ではなく、「死につつある」というように、"変化の途中"を表すようになります。

The old man **was dying** in his bed.

その老人は自分のベッドで**息をひきとろうとしていた**。

〈dying は die(死ぬ)の ing形〉

The leaves **are turning** red.

木の葉が赤く**変わりつつある**(＝紅葉してきている)。

NOTE

進行形には「未来進行形」もあります。助動詞の will を使い〈will be ＋～ing〉の形にします。「(そのときには)～しているでしょう」という意味を表します。

I **will be working** hard next week.

私は来週はいそがしく**働いているでしょう**。

8 助動詞の文（1） can, may など

STEP 35

I **speak** English.
私は英語を**話す**。 → STEP 4

I **can speak** English.
私は英語を**話すことができる**。

上は、動詞 speak（話す）を使った文です。
下の文では、動詞 speak の前に can がついています。この can も、前に習った will と同じように、動詞に意味をつけ加えるはたらきをします。can speak で「話すことができる」という意味になります。

POINT 1 動詞の前において、動詞に意味をつけ加えることばを「助動詞」といいます。助動詞 can は、①「〜することができる」という "可能" "能力" の意味や、②「〜してもよい」という "許可" の意味を表します。

She **can play** the piano very well.
　彼女はとてもじょうずにピアノを**ひくことができる**。〈能力〉
I **can see** you tomorrow.
　私はあすあなたに**会うことができます**。〈可能〉
You **can use** this computer.
　このコンピュータを**使ってもいいですよ**。〈許可〉
●助動詞には "3人称・単数の s" はつきません。
　また、助動詞のあとには、かならず動詞の原形がきます。

POINT 2 助動詞 may は、①「〜かもしれない」という "推量" の意味や、②「〜してもよい」という "許可" の意味を表します。

It **may rain** tomorrow.
　あすは**雨がふるかもしれない**。〈推量〉
You **may sit** down.
　すわってもいいですよ。〈許可〉
● You may 〜 のように言うと、相手を下に見ている感じをあたえるので注意が必要です。
　"許可" を表す may は、May I 〜? の形でよく使います（→ STEP 38 ）。

NOTE ....

主語が3人称・単数でも、助動詞のあとにくる動詞には -s や -es はつきません。
┌ He **swims** very fast.　彼はとても速く泳ぐ。
└ He can **swim** very fast.　彼はとても速く泳ぐことができる。

Check! 35　36

STEP 36

You **can speak** English very well. → STEP 35
あなたはとてもじょうずに英語を**話すことができる**。

You **must speak** English in this room.
あなたはこの部屋では英語を**話さなくてはならない**。

上の文では、動詞の speak（話す）に、助動詞 can の意味（〜できる）がつけ加わっています。
下の文では、別の助動詞 must が使われていて、その助動詞の意味（〜しなくてはならない）がつけ加わっています。

POINT 1 助動詞 must は、①「〜しなければならない」という "義務" "必要" "命令" の意味や、②「〜にちがいない」という "推量" の意味を表します。

You **must go** now.
　あなたはもう**行かなければならない**。
I **must finish** my homework.
　私は宿題を**おえなければならない**。
She **must be** angry.
　彼女は怒って<ruby>いる<rt>おこ</rt></ruby>**にちがいない**。
●助動詞のあとには動詞の原形がくることに注意しましょう。

POINT 2 助動詞 should は、「〜すべきである」「〜したほうがよい」という "義務" "助言" の意味を表します。

We **should help** each other.
　私たちはおたがいに**助け合うべきだ**。
You **should read** this book.
　あなたはこの本を**読んだほうがいい**。
●同じ "義務" を表すことばでも、should のほうが must よりやわらかいので、日常会話でよく使われます。

NOTE
………………………………………………………………………
助動詞 can, must と同じような意味を、be able to（〜することができる）, have to（〜しなくてはならない）で表すこともできます。 → STEP 96
You **have to** return the money.
あなたはそのお金を返さ**なくてはなりません**。

47

9 助動詞の文 (2) 否定文と疑問文

STEP 37

I **can speak** English.
私は英語を**話すことができる**。 → STEP 35

I **can't speak** English.
私は英語を**話すことができない**。〈can't = can not〉

上は、助動詞 can（〜できる）を使った文です。can speak 〜 で「〜を話すことができる」という意味です。下は、それを否定文にしたものです。can't speak 〜 で「〜を話すことができない」という意味です。can't は can not, cannot の短縮形です。

POINT 1 助動詞は、後ろに **not** をおいて否定文をつくります。**can** のあとに **not** をおくと、「〜することができない」という意味になります。

I **cannot play** the violin.
　私はバイオリンを**ひくことができない**。
My grandmother **can't swim**.
　私の祖母は**泳げない**。

● can not はふつう cannot と1語で表します。
短縮形の can't もよく使います。

POINT 2 **may not** は「〜しないかもしれない」「〜してはいけない」という意味を、**must not** は「〜してはいけない」という意味を表します。**must not** のほうが **may not** より強い"禁止"を表します。

He **may not come**.
　彼は**来ないかもしれない**。
You **may not eat** the dessert yet.
　あなたはまだデザートを**食べてはいけませんよ**。
You **must not go** there alone.
　あなたはひとりでそこへ**行ってはいけない**。

●短縮形の mustn't（発音は [mʌ́snt]）も使います。

NOTE

cannot(= can't) 〜は、「〜のはずがない」という意味でも使います。
It **can't be** true.　それが本当で**あるはずはない**（＝そんなはずはない）。

1・2年

STEP 38

She **can play** the piano.
彼女はピアノを**ひくことができる**。

→ STEP 35

Can she **play** the piano? — **Yes**, she **can**.
彼女はピアノを**ひくことができますか**。 — はい、（彼女は）できます。

上の文は、助動詞 can（〜できる）を使った文です。can play 〜 で
「〜をひくことができる」という意味です。
下は、それを疑問文にしたものと、その答えです。
She can 〜. が Can she 〜? になっていることに注目しましょう。

POINT 1
can の疑問文をつくるときは、can を主語の前にもってきて〈Can ＋
主語＋動詞の原形…?〉の形にします。これで「〜することができますか」
という意味になります。

答え方　「はい」 ⇒〈Yes, ＋代名詞＋ can.〉
「いいえ」⇒〈No, ＋代名詞＋ can't.〉

Can you **play** baseball? — **No**, I **can't**.
あなたは野球が**できますか**。 — いいえ、できません。

POINT 2
may（〜してもよい）や must（〜しなければならない）などの疑問
文をつくるときも、can と同じように、〈助動詞＋主語＋動詞の原形…?〉
の形にします。

May I sit down? — **Sure**.
すわってもよろしいですか。 — どうぞ。〈Of course. や Yes, you can. ともいう〉

● 「いいえ」のときは、No, you can't.（いいえ、いけません）などといいます。

Must I wait? — **Yes**, you **must**.
待たなくてはいけませんか。 — はい、そうしてください。

● 「いいえ」のときは、No, you **don't have to**.
（いいえ、その必要はありません）などといい、
must not（〜してはいけない）は使いません。

N O T E

May I 〜? はていねいな表現ですが、それに対して Yes, you may. や No, you may
not. と答えると、相手を下に見ている感じになるので、さけたほうがよいでしょう。

STEP 39

Will you open the window? — **Sure**.

→ STEP 30

窓を開け**てくれませんか**。 — いいですよ。

Shall I open the window? — **Yes, please**.

窓を開け**ましょうか**。 — はい、おねがいします。

上の Will you 〜? は、相手に「〜してくれませんか」と頼むときの言い方です。
下の Shall I 〜? はその反対に、自分が「〜しましょうか」と申し出る言い方です。セットにしておぼえましょう。

POINT 1 〈Shall I 〜?〉で、「(私が) 〜しましょうか」という "提案・申し出" の意味を表します。

 「はい」 ⇒ **Yes, please.**
「いいえ」⇒ **No, thank you.**

Shall I help you? — Yes, please.
お手伝い**しましょうか**。 — はい、おねがいします。

Shall I close the curtains? — No, thank you.
カーテンを閉め**ましょうか**。 — いいえ、けっこうです。

● 「はい」のときは、Yes, thank you. などともいいます。

POINT 2 〈Shall we 〜?〉で、「(いっしょに) 〜しませんか」という "提案" や "勧誘" の意味を表します。

 「はい」 ⇒ **All right. / Yes, let's.**
「いいえ」⇒ **No, let's not. / I'm sorry, (but) I can't.**

Shall we dance? — All right.
踊り**ませんか**。 — いいですよ。

Shall we play tennis? — No, let's not.
テニスを**しませんか**。 — いいえ、やめておきましょう。

NOTE
......

Shall we 〜? は Let's 〜. (〜しましょう) とほぼ同じ意味を表します。 → STEP 84

Let's play soccer. — Yes, let's.
サッカーを**しよう**。 — うん、そうしよう。

Check! 39 40

STEP 40

Will you open the window? — Sure. → STEP 30

窓を開け**てくれませんか**。—— いいですよ。

Would you open the window? — Sure.

窓を開け**てくださいませんか**。—— いいですよ。

上の Will you ～? は、相手に「～してくれませんか」と頼むときの
言い方です。
下の Would you ～? も、同じように相手に頼む言い方ですが、
Will you ～? よりもていねいな表現です。

POINT 1 助動詞の **would** や **could** を使うと、ていねいな言い方ができます。
〈**Would you ～?**〉〈**Could you ～?**〉で、「～してくださいませんか」
という、ていねいな"依頼"の言い方になります。

Would you close the door? — Sure.

ドアを閉め**てくださいませんか**。—— いいですよ。

Could you (please) tell me the way to the post office?

郵便局へ行く道を教え**てくださいませんか**。

● Could you や Would you のあとに please をつけることもあります。

POINT 2 ていねいな言い方とは反対に、親しい相手に対しては、〈**Can you
～?**〉で"依頼"の意味を表すことができます。また、〈**Can I ～?**〉で
"許可"を求める言い方になります。

Can you call me tonight? — All right.

今夜、私に電話し**てくれませんか**。—— いいですよ。

Can I go to the concert? — Sure.

そのコンサートに行っ**てもいいですか**。—— いいですよ。

● "許可"を求める言い方としては、May I ～? (→ STEP 38) の
ほうがていねいな言い方になります。

NOTE

would と could は、助動詞の will と can の過去形ですが、上のような表現では「過去」
を表しているわけではありません。くわしいことはあとで学習しますが、助動詞の過去形
が"ていねいな表現"でよく使われる、ということをおぼえておきましょう。

51

ここでつまずかないように！

次の文のまちがいを見つけましょう。

1 **She is drinking milk every day.**
彼女は毎日牛乳を飲む。

現在進行形の文は "現在進行中の動作（いまちょうど〜している）" を表すときに使います。ですから、「彼女はいま牛乳を飲んでいる」は She is drinking milk now. です。それに対して、「毎日〜する」のように、"現在の習慣" を表すときは "現在" の文を使います。

▲上の文は正しくは
次のようになります **She drinks milk every day.**

なお、"現在" の文は次のようなときに使います。

▶**現在の状態・事実**
　I **like** dogs. 私は犬が好きです。
　She **lives** in Hokkaido. 彼女は北海道に住んでいる。

▶**現在の習慣的動作**
　I often **play** tennis. 私はよくテニスをする。
　He **visits** Kyoto every year. 彼は毎年京都を訪れる。

▶**不変の事実・真理**
　The earth **goes** around the sun. 地球は太陽のまわりをまわっている。

2 **I will busy tomorrow.**
あすは私はいそがしいでしょう。

be動詞の文を "未来" にするときに、このようなまちがいがよく起きます。will のあとに一般動詞がくるときは、動詞をつけ忘れることはありませんが、will のあとに be動詞がくるときは、原形の be をつけるのを忘れてしまうのです。助動詞のあとには、かならず "動詞の原形" がくる、ということを確認しておきましょう。

▲上の文は正しくは
次のようになります **I will be busy tomorrow.**

3 **Must I leave now? — No, you mustn't.**
もう出発しなければいけませんか。— いや、その必要はないよ。

must not は "禁止" の意味を表すため、you mustn't では「出発してはいけない」の意味になってしまいます。「出発する必要はない」という意味を表すためには、have to の否定形である don't have to（〜する必要はない）を使わなくてはなりません。
なお、don't have to と同じ意味を need not で表すこともできます。

▲上の文は正しくは
次のようになります **Must I leave now? – No, you don't have to.**

52

3

名詞と代名詞

STEP 41 〜 **STEP 56**

〈文のしくみ〉の章で習ったように、「名詞」「代名詞」は、
文の主要素となる“主語”や“目的語”や“補語”になるなど、
とてもたいせつな役割をします。
この章では、その名詞・代名詞について、その種類や、使う
ときの注意点などについて見ていきます。特に、使い方によっ
て“語形が変化”するものや、“使い分け”をしなくてはな
らないものには注意しながら学習するようにしましょう。

1 名詞の複数形　複数を表す -s, -es

I have a **dog**.
私は（1ぴきの）**犬**を飼っている。

I have two **dogs**.
私は2ひきの**犬**を飼っている。

上の文の a dog は「1ぴきの犬」の意味です。「犬」を表す名詞 dog の前に a（1つの）がついています。
下の文の two dogs は「2ひきの犬」の意味です。犬が2ひき以上のときは、dog の語尾に -s がついて dogs となります。

POINT 1 英語では、人やものが単数（1人・1つ）か複数（2人・2つ以上）かを、はっきり区別します。複数の場合は、名詞を「複数形」にします。複数形は、ふつう名詞の語尾に -s をつけてつくります。

I have three **brothers**.
私には**兄弟**が3人いる。〈brother ⇒ brothers〉

She reads a lot of **books**.
彼女はたくさんの**本**を読む。〈book ⇒ books〉

POINT 2 語尾が **ch, sh, s, x** でおわる名詞は、**-es** をつけて複数形にします。

He ate two **peaches**.
彼は**モモ**を2つ食べた。〈peach ⇒ peaches〉

I washed the **dishes**.
私は**皿**洗いをした。〈dish ⇒ dishes〉

I want some **boxes**.
私はいくつかの**箱**がほしい。〈box ⇒ boxes〉

- その他：bus（バス）⇒ bus**es**
  class（クラス、授業）⇒ class**es**

-s, -es の発音

☆ふつうは [z] と発音する。
　dogs [dɔ́ːgz]（犬）
　pens [pénz]（ペン）

☆ [f] [k] [p] [t] [θ] の音のあとの s は [s] と発音します。
　cakes [kéiks]（ケーキ）
　ships [ʃíps]（船）

☆ [s] [z] [ʃ] [tʃ] [ʒ] [dʒ] の音のあとの es は [iz] と発音する。
　boxes [báksiz]（箱）
　dishes [díʃiz]（皿）

NOTE

語尾が o でおわる名詞の中にも、-es をつけるものがあります。

These **tomatoes** are ripe.　これらの**トマト**は熟している。〈tomato ⇒ tomatoes〉

- piano ⇒ piano**s** のように、-s をつけるだけのものもあります。

Check!　41　42

STEP 42

I saw the **man**.

私はその**男の人**を見た。

I saw the **men**.

私はその**男の人たち**を見た。

上の文の the man は「その男の人」（単数）、下の文の the men は「その男の人たち」（複数）の意味です。

men は man の複数形です。複数形の中には、このように語尾に -s をつけない、不規則な形をとるものもあります。

POINT 1　語尾が「子音字＋y」でおわる名詞は、y を i に変えて -es をつけます。この ies は [iz] と発音します。

The **babies** are sleeping.

その**赤ちゃんたち**は眠っています。〈baby ⇒ babies〉

Osaka and Kobe are big **cities**.

大阪と神戸は大きな**都市**です。〈city ⇒ cities〉

● 「母音字＋y」でおわる名詞は、ふつうに語尾に -s をつけます。

boy（少年）⇒ boys,　day（日）⇒ days

POINT 2　次のように、不規則に変化するものや、単数形と複数形が同じものもあります。

● 右にあげたものは、不規則なものの中でも特に基本的なものです。

Do you know the **women**?

あなたはその**女の人たち**を知っていますか。

〈woman ⇒ women〉

Did you brush your **teeth**?

あなたは**歯**をみがきましたか。〈tooth ⇒ teeth〉

単　数		複　数
man	（男の人）	men
woman	（女の人）	women
foot	（足）	feet
tooth	（歯）	teeth
mouse	（ハツカネズミ）	mice
child	（子ども）	children
Japanese	（日本人）	Japanese
sheep	（ヒツジ）	sheep
deer	（シカ）	deer
fish	（魚）	fish

NOTE ....

語尾が f, fe でおわる名詞は、f, fe を v に変えて -es をつけることがあります。この ves はふつう [vz] と発音します。

lea**f**（葉）⇒ lea**ves**,　kni**fe**（ナイフ）⇒ kni**ves**

2 数えられる名詞・数えられない名詞

STEP 43

This is **a cat**.
これは（1ぴきの）**ネコ**です。

This is **milk**.
これは**牛乳**です。

上の文の「ネコ」は a cat となっていますが、下の文の「牛乳」は milk で、前に a（1つの）がついていません。
milk は、1つ2つ…と数えられないものなので、単数と複数の区別がありません。したがって、a はつきませんし、複数形もありません。

POINT 1
名詞には、大きく分けて2つの種類があります。「数えられる名詞」と「数えられない名詞」です。数えられる名詞は、複数（2人・2つ以上）のときは複数形を使います。また、単数（1人・1つ）のときは、しばしば前に a がつきます。

I have **a camera**.
私は（1台の）**カメラ**をもっている。

●数えられる名詞の中で、「家族（family）」や「警察（police）」のように、1つの集合体を表すものを「**集合名詞**」といいます。それ以外の数えられる名詞は「**普通名詞**」といい、最も多く使われる名詞がこれです。

POINT 2
数えられない名詞にはふつう、「1つの」を意味する a がつくことはなく、また複数形になることもありません。数えられない名詞には、次の3つの種類があります。

①固有名詞 人名・地名など	1つしかないものなので、1つ2つ…と数えられません。大文字ではじめます。	
	John（ジョン）、 Japan（日本）、 Paris（パリ）、 Mt. Fuji（富士山）	I live in **Tokyo**. 私は**東京**に住んでいる。
②物質名詞 気体・液体・ 固体など	物質には決まった形がなく、そのままでは数えられません。	
	air（空気）、water（水）、tea（紅茶）、 bread（パン）、paper（紙）	I want some **water**. 私は（いくらかの）**水**がほしい。
③抽象名詞 ものの性質や 状態など	具体的なものではないので、1つ2つと数えられません。	
	love（愛）、beauty（美）、 peace（平和）、music（音楽）	We love **music**. 私たちは**音楽**が大好きです。

Check! 43 44

STEP 44

I want **some water**.
私は（**いくらかの**）**水**がほしい。
→ STEP 43

I want **a glass of water**.
私は（**コップに**）**1杯の水**がほしい。〈glass（コップ）は数えられる名詞〉

上の文では、数えられない名詞 water（水）の前に、some（いくらかの）という"量"を表すことばがついています。
下の文では、water の前に a glass of ～（コップ1杯の～）がついています。このようにすれば "水" も数えることができます。

POINT 1 1つ2つ…と数えることのできない名詞には、"数"を表す形容詞はつきませんが、"量"を表す形容詞はつくことがあります。

I want **some orange juice**.
私は（**いくらかの**）**オレンジジュース**がほしい。

He has **a lot of money**.
彼は**たくさんのお金**をもっている。〈money は数えられない名詞〉

● "量"を表す形容詞については、あとでくわしく習います。

POINT 2 数えられない名詞でも、容器や単位を表すことばを使うと数えられるようになることがあります。代表的なものをおぼえておきましょう。

Do you want **a cup of** coffee?
コーヒーを**1杯**ほしいですか（＝いかがですか）。
a cup of ～：(カップ) 1杯の～

He drank **two glasses of** milk.
彼は牛乳を（コップに）**2杯**飲んだ。
a glass of ～：(コップ) 1杯の～

I need **a piece of** paper and a pencil.
私は**1枚の紙**とえんぴつが必要です。
a piece (または sheet) of ～：1枚の～

I ate **three slices of** bread.
私はパンを**3切れ**食べた。
a slice of ～：1切れの～

●複数のときは、容器や単位を表す語（glass, slice など）を複数形にします。

NOTE ....

ほかにも、次のようなものがあります。

a loaf of bread　1個のパン（切っていないまるごとのパン）

a piece of information　1つの情報〈information は数えられない名詞〉

3 指示代名詞　this, that など

STEP 45

Lucky is my dog.
　ラッキーは私の犬です。

→ STEP 9

That is my dog.
　あれは私の犬です。

上の文では、Lucky（＝犬の名前）が主語になっています。これだと、どの犬のことをいっているのか、はっきりと特定されます。
下の文のように That（あれ）を使うと、その場にいて、何をさしているかを見ていないと、どの犬のことなのか、わかりません。

POINT 1　目に見える所にあるものや人をさす代名詞を「指示代名詞」といいます。近くにあるものや人をさすときは、**this**（これ）や **these**（これら）を使います。

This is a dolphin.
　これはイルカです。
These are good books.
　これらはよい本です。

●単数のときは this を、複数のときは these を使います。

POINT 2　話し手から離(はな)れたところにあるものや人をさすときは、**that**（あれ、それ）や **those**（あれら、それら）を使います。

That is my father.
　あれは私の父です。
Those are cherry trees.
　あれらは桜の木です。
That is my cake.
　それは私のケーキです。
〈相手の近くにあるものをさすこともあります〉

●単数のときは that を、複数のときは those を使います。

NOTE

this, these や that, those は、名詞の前において、「この～」「これらの～」「あの～」「あれらの～」のように形容詞として使うこともあります。 → STEP 48

┌ **That** is a beautiful picture.　**あれ**は美しい絵です。〈That＝代名詞〉
└ **That** picture is beautiful.　**あの**絵は美しいです。〈That＝形容詞〉

Check! 45 46

1年

STEP 46

This is a panda.
これはパンダです。 → STEP 45

Hello, **this** is Kate.
もしもし、**こちら**はケイトです。〈電話で〉

上の文の This is ~ は、「これは~です」というふつうの意味です。下の文の this is ~ は、電話で「こちらは~です」と自分の名前を相手に伝えるときの言い方です。この場合は I am ~ ではなく、this is ~ と言います。決まった表現としておぼえましょう。

POINT 1 **this** には、「これ」という意味から発展して、「(電話で自分をさして) こちら」「ここ」「きょう」「(人を紹介して) こちら」といった意味を表す使い方があります。

This is my town.

ここが私の町です。
This is the last day of our trip.
きょうは私たちの旅行の最後の日です。
This is Mr. Jones, my English teacher.
こちらはジョーンズ先生、私の英語の先生です。〈人を紹介するとき〉

POINT 2 **that** には、すぐ前にのべられた "もの" や "こと" をさして、「それ」「そのこと」という意味を表す使い方があります。

Let's play tennis. — **That's** a good idea.
テニスをしよう。 — **それ**はいい考えだ。
Did you write this poem? — **That's** right.
あなたがこの詩を書いたのですか。 — **それ**は正しい (=そのとおりです)。

● That's は That is の短縮形です。

NOTE

that, those には、名詞のくり返しをさけるための用法もあります。
The tail of this cat is longer than **that** of my cat.
このネコの**しっぽ**は、私のネコの**それ** (=しっぽ) よりも長い。

● that = the tail です。くり返しをさけるために that を使っています。なお、比較の文については STEP 97~98 を参照。

59

4 名詞・代名詞の所有格 「～の」

STEP **47**

Tom is a musician.

トムはミュージシャンだ。

→ STEP 9

Tom's brother is a musician, too.

トムのお兄さんもミュージシャンだ。

上の文の主語は Tom で、下の文の主語は Tom's brother です。
Tom's brother は「トムのお兄さん」の意味です。
Tom's の 「's」が「～の」という意味を表しています。この Tom's
はすぐ後ろの brother を修飾しています。

POINT 1　「～の」という"所有"の意味を表す形を「所有格」といいます。人や
動物を表す名詞は、〈～'s〉の形にして所有格にします。's を「アポス
トロフィ s」といいます。

Mary's father is a doctor.

メアリーのお父さんは医者です。

My **sister's** bag is red.

私の妹のバッグは赤です。

The **cat's** name is "Kuro."

そのネコの名前は「クロ」です。

●～'s はすぐ後ろの名詞を修飾します。

POINT 2　もの（＝人や動物以外の無生物）を表す名詞を所有格（～の）にするとき
は、ふつう〈of ～〉の形にします。of ～ は"前の名詞"にかかります。

We reached the top **of the mountain**.

私たちはその山の頂上に着いた。

Do you know the title **of the book**?

あなたはその本のタイトルを知っていますか。

● of は前置詞の１つです。〈前置詞＋名詞〉が名詞を後ろから
修飾する用法についてはあとでくわしく学習します。 → STEP 139

NOTE

人や動物以外の名詞でも、～'s の形で所有格にできるものがあります。

today's (news)paper　きょうの新聞　/　**an hour's** walk　歩いて１時間の距離

Check! 47　48

STEP 48

He is a musician.

彼はミュージシャンだ。

→ STEP 11

His brother is a musician, too.

彼のお兄さんもミュージシャンだ。

 上の文の主語は He で、下の文の主語は His brother です。His は代名詞の所有格で、「彼の」という意味を表します。
名詞は「's」をつけて「〜の」という意味を表しましたが、代名詞は語形を変化させて「〜の」という意味を表します。

POINT 1　人称代名詞（ → STEP 11・12 ）の所有格は、それぞれ形が決まっています。

人　称	単　数	複　数
1 人称	my　（私の）	our　（私たちの）
2 人称	your（あなたの）	your（あなたたちの）
3 人称	his　（彼の）	their（彼らの）
	her　（彼女の）	their（彼女らの）
	its　（それの）	their（それらの）

Kate is **my** classmate.
　ケイトは私の同級生です。
Is this **your** umbrella?
　これはあなたの傘ですか。
They washed **their** hands.
　彼らは（彼らの）手を洗った。

●日本語では「〜の」を省略してしまうようなときでも、英語では省略しません。

POINT 2　指示代名詞の **this, that** などには「〜の」という意味を表す指示形容詞としての用法もあります。ただし、これは "所有格" ではありません。

Do you know **that** man?
　あなたはあの男の人を知っていますか。
Did you read all **those** books?
　あなたはあれらの本を全部読んだのですか。

NOTE ....

人称代名詞を整理しておきましょう。

人　称	数	主格	所有格	目的格
1 人称		I	my	me
2 人称		you	your	you
3 人称	単　数	he	his	him
		she	her	her
		it	its	it

人　称	数	主格	所有格	目的格
1 人称		we	our	us
2 人称		you	your	you
3 人称	複　数	they	their	them

5 所有代名詞と再帰代名詞

STEP 49

> That is **my book**.
> あれは**私の本**です。
>
> → STEP 48
>
> That book is **mine**.
> あの本は**私の（本）**です。

 上の文では、所有格の my（私の）が名詞の book（本）を修飾して
います。my book で「私の本」という意味です。
下の文の mine は、すぐ前に出てきた名詞（book）を受けて、〈my
+ book〉の意味を表しています。

POINT 1　〈所有格＋前に出てきた名詞〉のはたらきをする代名詞を「所有代名詞」
といいます。名詞のくり返しをさけるときに使います。「前に出てきた
名詞」が単数のときも複数のときも、所有代名詞は同じ形です。

That room is **yours**.
　あの部屋が**あなたの（部屋）**です。〈yours = your room〉
Are these shoes **yours**? — Yes, they are **mine**.
　このくつは**あなたの（くつ）**ですか。— はい、**私の（くつ）**です。
Whose dictionary is this? — It's **mine**.
　これはだれの辞典ですか。— **私の（辞典）**です。
●所有代名詞は「～のもの」と訳しますが、多くの場合「～の」で十分です。

POINT 2　次のような書きかえは、試験など
でもよく出題されるものです。

┌ That is **our house**.
│　あれは**私たちの家**です。
└→ That house is **ours**.
　　あの家は**私たちの（家）**です。
● That house を主語にするところが
ポイントです。

■所有格と所有代名詞

人　称	数	所有格	所有代名詞
1人称	単　数	my	mine
	複　数	our	ours
2人称	単　数	your	yours
	複　数	your	yours
3人称	単　数	his	his
		her	hers
	複　数	their	theirs

NOTE..

名詞に 's のついた形も〈～'s ＋前に出てきた名詞〉の意味を表すことがあります。
That umbrella is **Tom's**.
　あの傘(かさ)は**トムの（傘）**です。〈Tom's = Tom's umbrella〉

Check!　49　50

STEP 50

I introduced **her** to the audience.　→ STEP 12
私は観客に**彼女を**紹介した。

I introduced **myself** to the audience.
私は観客に**私自身を**紹介した（＝自己紹介をした）。

上は、「私が彼女を紹介した」という文で、introduce（紹介する）の目的語に her（彼女を）が使われています。
下は、「私が私自身を紹介した」という文です。"私自身を" というときは、me ではなく myself を使います。

POINT 1　動詞の目的語などが文の主語と同じとき、「～自身を」「～自身に」という意味の特別な代名詞を使います。これを「再帰代名詞」といいます。

He hurt **himself** with a knife.
　彼はナイフで**彼自身を**傷つけた
　　　　　　　　（＝ナイフでけがをした）。
She looked at **herself** in the mirror.
　彼女は鏡にうつっている**自分（自身）**を見た。
●単数の再帰代名詞は語尾が -self の形に、
　複数の再帰代名詞は -selves の形になります。

■再帰代名詞

人　称	単数	複数
1人称	myself	ourselves
2人称	yourself	yourselves
3人称	himself herself itself	themselves

POINT 2　再帰代名詞はまた、「自分で」「みずから」というように、主語を強めるときにも使います。

He cooked the lunch **himself**.
　彼は**自分で**昼食をつくった。
The girls prepared for the party **themselves**.
　その少女たちは**自分たちで**パーティーの準備をした。

NOTE

再帰代名詞（～self）をふくむ熟語に、次のようなものがあります。

for ～self（独力で、自分のために）， by ～self（ひとりぼっちで、独力で）
say to ～self（心の中で思う）， enjoy ～self（楽しむ）

We **enjoyed ourselves** at the party.　私たちはパーティーで**楽しんだ**。

6 不定代名詞 (1) some, any など

1~3年

I know those boys.

私は**あの少年たち**を知っています。

→ STEP 48

I know some of those boys.

私は**あの少年たちの (うちの) 何人か**を知っています。

上の文の those boys は「あの少年たち」の意味です。
下の文では、その前に some of がついています。
some of ～ は、ここでは「～のうちの何人か」という意味を表して
います。some には、「いくつか」「何人か」といった意味があります。

POINT 1
「彼」「それ」などの特定の人やものではなく、不特定の人やものをさ
す代名詞を「不定代名詞」といいます。不定代名詞 **some** は、ばくぜ
んとした数や量の人やものをさして、「いくつか」「何人か」「いくらか」
の意味を表します。

I saved **some** of the money.

　私はそのお金のうちの**いくらか**を貯金した。

Some of these books are my brother's.

　これらの本の (うちの) **何冊か**は私の兄のものです。

POINT 2
不定代名詞の **something** は「何か」「あるもの」の意味を、**somebody,
someone** は「だれか」「ある人」の意味を表します。これらは単数です。

He said **something**.

　彼は**何か**言った。

Somebody is calling your name.

　だれかがあなたの名前を呼んでいます。

Oh, **someone** is at the door.

　あら、ドアのところに**だれか**がいます。

● somebody と someone は意味は同じですが、
　somebody のほうがややくだけた調子のことばです。

NOTE

something など、-thing でおわる代名詞に形容詞をつけるときは、後ろにつけます。

I want **something cold**.　私は**何か冷たいもの**がほしい。

Check! 51 52

1～3年

STEP 52

I know **some** of those boys. → STEP 51

私はあの少年たちの**何人か**を知っています。

Do you know **any** of those boys?

あなたはあの少年たちの**何人か**（＝**だれか**）を知っていますか。

上の文では、some が「何人か（＝ばくぜんとした数の人）」という意味を表しています。
下の疑問文では、any が「何人か（＝ばくぜんとした数の人）」という意味を表しています。some と any の使い分けに注目しましょう。

POINT 1 疑問文で「いくつか」「何人か」「いくらか」の意味を表すときは、ふつう **any** を使います。否定文では、**not 〜 any** で「1つも〔1人も〕〜ない」の意味になります。

Did you read **any** of these books?

あなたはこれらの本の**何冊か**（＝**どれか**）を読みましたか。

I do**n't** like **any** of those pictures.

私はそれらの絵の**どれも**好きでは**ない**。

●日本語にするときは、「どれか」「だれか」や「どれも」「だれも」などとしたほうが自然な表現になる場合もあります。

POINT 2 同じように、疑問文・否定文では **anything** を「何か」・「何も」の意味で、**anybody, anyone** を「だれか」・「だれも」の意味で使います。

Do you know **anything** about it?

あなたはそれについて**何か**知っていますか。

I don't know **anybody** in this picture.

私はこの写真の中の**だれも**知りません。

● not 〜 anything や not 〜 anybody の意味は、
nothing や nobody を使って表すこともできます。 → STEP 80

NOTE

any, anything, anybody, anyone は、肯定文（否定文でないふつうの文）で使うと、「どれでも、だれでも」「何でも」「だれでも」の意味を表します。

Anyone can join our club.　**だれでも**私たちのクラブに入れます。

65

7 不定代名詞 (2) all, each など

2・3年

STEP 53

Some of them are my friends. → STEP 51

彼らの（うちの）**何人か**は私の友だちです。

All of them are my friends.

彼らの（うちの）**全員**が私の友だちです。

上の文の Some of ～ は「～のうちの何人か」の意味です。
下の文の All of ～ は、「～のうちの全員」の意味になります。
some は "不特定のばくぜんとした数や量" を表しますが、all は "全部" を表します。

POINT 1 不定代名詞の **all** は「全部」「すべて」という意味を表します。また、**each** は「それぞれ」「めいめい」という意味を表します。

All of us are very tired.

私たちの**全員**が（＝私たちはみんな）とてもつかれています。

He knows **all** about me.

彼は私のことを**何でも**知っている。

Each of us has our own personality.

私たちの**それぞれ**が自分自身の個性をもっている。〈each は単数あつかい〉

● all と each には形容詞としての使い方もあります。

POINT 2 不定代名詞の **both** と **either** は、2つあるものについて使います。**both** は「両方」の意味を表し、**either** は「どちらか一方」「どちらでも」の意味を表します。

Both of his parents are teachers.

彼の両親は**2人とも**先生です。

Which do you want, tea or coffee? — **Either** will do.

紅茶とコーヒーでは、どちらがいいですか。 — **どちらでも**いいです。〈do：十分である〉

● both と either には形容詞としての使い方もあります。また、この2つは接続詞として使うこともあります。→ STEP 160

NOTE
....
このほか、everything（すべてのこと）や everybody, everyone（だれでも、みんな）なども不定代名詞です。これらはどれも単数あつかいです。

Everyone likes her very much.　**みんな**彼女のことが大好きだ。

Check! 53 54

1~3 年

STEP **54**

I have **a bike**. You can use **it** anytime. → STEP 12

私は**自転車**をもっています。あなたはいつでも**それ**を使っていいですよ。

I have a **bike,** but I want a new **one**.

私は**自転車**をもっていますが、新しい**自転車**が（＝新しいのが）ほしいです。

上の文の it は、前に出てきた a bike を受けて、「それ」（＝その自転車）という意味を表します。
下の文の one は、前に出てきた bike という名詞、つまり「自転車」を表します。特定の自転車（＝その自転車）をさすわけではありません。

POINT 1　不定代名詞の **one** は、前に出てきた名詞を受けて、それと"同じ種類のもの"をさします。〈**a** ＋形容詞＋ **one**〉の形でよく使われますが、その他、**this** や **that** などをつけて使うこともあります。

This **glass** is dirty. I need **a clean one**.

　この**コップ**はきたないです。**きれいなコップ**が（＝きれいなのが）必要です。

Which **bag** do you like? — I like **this one**.

　あなたは**どのバッグ**が好きですか。—　**このバッグ**（＝これ）が好きです。

Do you have a **camera**? — Yes, I have **one**.

　あなたは**カメラ**をもっていますか。—　はい、**1台**もっています。

● one の前に形容詞がないときは a はつけません。

POINT 2　**another**（＝ **an**＋**other**）は「もう１つのもの〔人〕」「別のもの〔人〕」という意味を表します。**the other** は「（２つのうちの）もう一方のもの〔人〕」という意味を表します。

This shirt is too small. Show me **another**.

　このシャツは小さすぎます。**別の**を見せてください。

I have two bikes. One is old, and **the other** is new.

　私は自転車を２台もっている。１台は古くて、**もう１台**は新しい。

● another と other には形容詞としての使い方もあります。

NOTE

３つ以上のうちの「ほかのいくつか」を表すときは others を、
「残りの全部」を表すときは the others を使います。

Show me some **others**. **ほかのもの**をいくつか見せてください。

Show me **the others**. **残りのもの**を（全部）見せてください。

67

STEP 55

She has a cat.　It's very cute.
➡ STEP 11

彼女はネコを飼っています。**それ**はとてもかわいいです。〈It's = It is〉

It's nice today.

きょうはいい天気です。

上の文の It は、直前の a cat を受けて、「それ」（＝そのネコ）という意味を表しています。

下の文の It は、特定の何かを受けているわけではなく、ばくぜんと"天気"を表しています。

POINT 1 代名詞の it は、"天候・時間・距離・明暗"などを表す文の主語として使うことがあります。日常的によく使う表現です。

It rained yesterday.

きのうは雨がふった。〈天候〉

What time is it (now)? — It's six thirty.

（いま）何時ですか。── 6時30分です。〈時間〉

It's two kilometers from here to the station.

ここから駅まで2キロです。〈距離〉

It's getting dark outside.

外は暗くなってきている。〈明暗〉

●これらの It は「それ」とは訳しません。場面に応じて自然な日本語にしましょう。

POINT 2 it はまた、"ばくぜんとした状況や状態"を表すことばとして、文の主語や目的語や補語になることがあります。会話表現でよく使います。

How is it going?

調子はどうですか。〈あいさつとして使う〉

You can make it.

あなたならうまくやりとげることができる。

That's it.

そのとおりです〔それでおわりです〕。

NOTE

部屋のドアをノックされたときなどは、it を使って次のように言います。

Who is it? — It's me.

だれですか。── 私です。

Check! 55 56

1〜3 年

STEP 56

They play tennis every Sunday. → STEP 11

彼らは毎週日曜日にテニスをする。

They speak English in that country.

あの国では**人びと**は英語を話す（＝あの国では英語が話されている）。

 上の文の They は、「彼ら」の意味で、"特定の人たち"をさしています。だれをさすのかがわかっているときの使い方です。
下の文の They は、「彼ら」（＝特定の人たち）ではなく、ばくぜんと「一般の人びと」を表しています。

POINT 1 **we, you, they** には、ばくぜんと「一般の人びと」をさす使い方があります。訳す場合は、自然な日本語になるようにくふうしましょう。

We get a lot of snow in winter.

　私たちの地方では冬は雪がたくさんふります。〈a lot of：たくさんの〉

You can see Mt. Fuji from here.

　ここからは富士山が見えます。

They sell accessories at that store.

　あの店ではアクセサリーを売っている。

● we は"自分をふくむ一般の人びと"、you は"相手をふくむ一般の人びと"、
they は"自分をふくまない一般の人びと"です。

POINT 2 代名詞をふくんだ熟語をおぼえましょう。

| **each other** または **one another**：おたがい |
| **one after another**：次つぎに |

You must help **each other**.

　あなたたちは**おたがいに**助け合わなければならない。

The guests arrived **one after another**.

　招待客が**次つぎに**到着しました。

● each other は代名詞のはたらきをし、one after another は副詞のはたらきをします。

N O T E

one 〜, the other … で「（2 つのうち）1 つは〜、もう 1 つは…」の意味の熟語になります。
→ STEP 54

She has two dogs. **One** is white, and **the other** is brown.

　彼女は犬を 2 ひき飼っています。**1 ぴき**は白で、**もう 1 ぴき**は茶色です。

ここでつまずかないように！

次の文のまちがいを見つけましょう。

1 He washed the dishs after the meal.
食事のあとで彼は皿洗いをしました。

英語では、動詞をはじめ、名詞・代名詞・形容詞・副詞なども、場合に応じてさまざまに形を変化させます。語形変化には、いつも"規則的な変化"と、それからはずれる変化があります。dish（皿）は語尾が sh でおわる名詞なので、-s ではなく、-es をつけます。

▲上の文は正しくは
次のようになります He washed the **dishes** after the meal.

2 I had two breads for breakfast.
私は朝食にパンを2枚食べた。

名詞には"数えられる名詞"と"数えられない名詞"があります。日本語の感覚では数えられると思うものでも、英語では数えられないものになることがあるので、注意しましょう。「パン（bread）」は"物質"としてあつかうので、そのままでは数えられません。

▲上の文は正しくは
次のようになります I had **two slices[pieces] of bread** for breakfast.

3 This books are interesting.
これらの本はおもしろい。

the（その）や my（私の）、your（あなたの）は、あとに複数の名詞がきても形は変わりませんが、this と that は形を変えなくてはなりません。あとに複数の名詞がくるときは、these（これらの）、those（あれらの）を使います。

▲上の文は正しくは
次のようになります **These** books are interesting.

4 Our school begin at 8:30.
私たちの学校は8時30分にはじまる。

この文の主語は「私たちの学校」です。「私たちの学校」は"私"でも"あなた"でもなく、"それ以外のもの"になるので、3人称です。そして単数なので、動詞には"3人称・単数の s"をつけなくてはなりません。Our（1人称・複数の所有格）にひきずられて、-s をつけ忘れないようにしましょう。

▲上の文は正しくは
次のようになります Our school **begins** at 8:30.

4
冠詞と形容詞と副詞

STEP 57 ～ STEP 70

〈文のしくみ〉の章で習ったように、名詞や動詞といっしょ
に使って、表現をゆたかにするのが「形容詞」や「副詞」です。
ここでは、特に注意が必要な、"数・量"に関する形容詞や、
さまざまな副詞について見ていきます。
また、表現の要素としては小さいものの、使い方をまちが
えると、意味が通じなくなることもある「冠詞」についても、
ここで使い方のポイントを見ておきましょう。

1 a と the　不特定か特定か

STEP 57

> This is **a ring**.
>
> これは（**1つの**）指輪です。

> He bought **a ring** for me.　This is **the ring**.
>
> 彼は私に（**1つの**）指輪を買ってくれました。これが**その指輪**です。

上の文の a ring は「（ある1つの）指輪」という意味で、"どの指輪か"は問題にしていません（＝不特定の指輪）。
下の2つめの文の the ring は「その指輪（前の文でのべた指輪）」という意味で、前の文によって"特定された"指輪です。

POINT 1　"ものが1つ""人が1人"のときには、名詞の前に **a** をつけます。ただし、**a** をつけるのは"不特定の"ものや人に対してだけです。

A year has twelve months.

1年は 12 か月あります。

I saw **a movie** yesterday.

私はきのう（**1本の**）**映画**を見ました。

She is **a good teacher**.

彼女は**よい先生**です。〈名詞の前に形容詞がつくこともある〉

●特に「1つ」という数を問題にしないとき、日本語ではわざわざ「1つの」とはいいませんが、英語ではかならず a をつけます。

POINT 2　ものや人が、すでに話に出るなどして"特定されている"ときには、名詞の前に **a** ではなく **the** をつけます。「その〜」という意味を表します。

I saw **the movie** yesterday.

私はきのう**その映画**を見ました。〈どの映画か特定されている〉

I know **the teacher** well.

私は**その先生**をよく知っている。〈どの先生か特定されている〉

●名詞の前につけて不特定・特定を表す a と the を「**冠詞**」といいます。

NOTE

a は、すぐあとにくることばが母音（ア・イ・ウ・エ・オなどの音）ではじまるときは、an にします。"つづり"ではなく"音"で決まるので注意しましょう。

an apple　リンゴ　/　**an** hour　1時間　/　**an** interesting book　おもしろい本

● hour は house（家）などとちがい、h を発音しないため、母音ではじまります。

Check! 57 58

STEP 58

I bought **some books**.

私は**何冊かの本**を買いました。

I bought **the books**.

私は**それらの本**を買いました。

上の文の some books は、何さつかの "不特定の本" という意味です。
（1つの "不特定の本" なら a book となります。）
下の文の the books は、"特定" を表す the がついているので、何
さつかの "特定の本"、つまり「それらの本」という意味になります。

POINT 1 複数形の名詞や数えられない名詞には a はつきません。その代わりに、
しばしば **some**（いくつかの、いくらかの）がつきます（➡ STEP 65 ）。なお、
some をつけるのは "不特定の" ものや人に対してだけです。

I have **some questions**.

　私には（**いくつかの**）**質問**があります。

I want **some orange juice**.

　私は（**いくらかの**）**オレンジジュース**がほしい。

I don't like **cats**.

　私は**ネコ**（というもの）が好きではありません。

●複数形は "種類一般" を表すことがあります。その場合は some はつけません。

POINT 2 複数形の名詞でも、数えられない名詞でも、それが "特定されている"
ときには **the**（その〜）をつけます。

I saw **the boys** at the station.

　私は**その少年たち**を駅で見た。

I gave **the money** to him.

　私は**そのお金**を彼にあげました。

The orange juice was sour.

　そのオレンジジュースはすっぱかった。

●後ろにくることばが母音ではじまるときは、the は ［ズィ ði］と発音します。

NOTE

名詞に代名詞の所有格（my, your など）や this, that などの指示形容詞がついていると
きは、a や the はつけません。

my book　私の本　/　**that** picture　あの絵

2 注意すべき a と the の用法

1~3 年

STEP 59

A week has seven days.

1週間は 7 日ある。

→ STEP 57

We play soccer twice a week.

私たちは **1週間に（つき）** 2回サッカーをする。〈twice：2回〉

上の文の A は、one と同じで「1つの」という意味です。A week で
「1週間」の意味になります。
下の文の a は、それとは少しちがう使い方です。a week で「1週間
につき」という意味を表しています。

POINT 1 **a 〜で「〜につき、〜ごとに」という意味を表すことがあります。a の
あとには、"単位"を表すことばがきます。**

He studies three hours **a day**.

彼は**1日に** 3 時間勉強します。

I visit Kyoto once **a year**.

私は**1年に** 1 度京都を訪れます。

POINT 2 **a はときに、数えられない名詞（固有名詞・物質名詞など）を"数えら
れる名詞"に変えることがあります。**

A Mr. Sato called you an hour ago.

サトウさんという人から 1 時間前に電話がありましたよ。

● Mr. Sato（＝固有名詞）に a がつくと "不特定のサトウさん" になります。

Two hamburgers and **a coffee**, please.

ハンバーガーを 2 つと**コーヒーを 1 つ**おねがいします。〈お店などで〉

● coffee（＝物質名詞）に a がつくと "1杯のコーヒー" になります。
なお、two coffees（2 杯のコーヒー）のように複数形にして
使うこともできます。

NOTE

冠詞の a は "種類一般" を表して「〜というもの」という意味を表すことがあります。ただし、
"種類一般" を表すときは、冠詞をつけない複数形がよく使われます。

A rabbit has long ears. = **Rabbits** have long ears.

ウサギ（というもの）は長い耳をしている。

Check! 59 60

1〜3年

STEP 60

A star is shining above us. → STEP 57

私たちの上で**1つの星**が輝いている。

The moon is shining above us.

私たちの上で**月**が輝いている。

 上の文の star（星）には "不特定" を表す A（1つの）がついています。「星」はたくさんあり、そのうちの不特定の1つということです。下の文の moon（月）には "特定" を表す The がついています。「月」は1つしかないため、自然に特定されてしまうからです。

POINT 1　「月」や「太陽」のように1つしかないものを表す名詞や、**only**（ただ1つの）、**first**（最初の）、**second**（2番めの）などの形容詞がついた名詞は、自然に "特定" されてしまうため、**the** がつきます。

The sun rises in **the east**.

太陽は東からのぼる。〈東西南北も1つしかないので、the がつく〉

She is **the only girl** in our club.

彼女は私たちのクラブでは**ただ1人の女の子**です。

They live on **the third floor**.

彼らは**3階**に住んでいます。

●最上級の表現で the を使うのも、同じように "最上級"（＝いちばん）ということで "特定" されてしまうからです。 → STEP 99

POINT 2　名詞が修飾語句によって "特定" される場合や、話し手と聞き手のおかれている状況から自然に "特定" される場合も **the** をつけます。

The water in this river is cold and clear.

この川の**水**は冷たくてすんでいる。〈「この川の」で特定される〉

Will you pass **the salt**?

お塩をとってくれませんか。〈テーブルの上の塩とわかっているので〉

Mother is in **the kitchen**.

お母さんは**台所**にいます。〈自分の家の台所とわかっているので〉

NOTE

〈the ＋単数名詞〉で "種類一般" を表して、「〜というもの」という意味を表すことがあります。やや形式ばった言い方になります。

The dolphin is a clever animal.　**イルカ（というもの）**は頭のいい動物です。

3 冠詞と慣用表現

STEP 61

She bought **a piano** last week.
→ **STEP 57**
彼女は先週（1台の）**ピアノ**を買った。

She plays **the piano** very well.
彼女はとてもじょうずに**ピアノ**をひく。

上の文の piano には a がついていますが、下の文の piano には the がついています。a がつくのは、piano が数えられる名詞だからですが、play the piano となるのは、これで「ピアノをひく」という決まった言い方（慣用表現）だからです。

POINT 1 慣用的に使われる決まった形の表現では、冠詞の使い方が固定しているものがあります。次の慣用表現では、ふつう **the** を使います。

Linda can **play the violin**.
リンダは**バイオリンをひく**ことができる。

play the +楽器：楽器を演奏する

He got up at six **in the morning**.
彼は**午前**6時に起きました。

in the morning：午前 (に)、朝 (に)

By the way, how was she?
ところで、彼女はどんな様子でしたか。

by the way：ところで

●「午後 (に)」は in the afternoon で、「夕方 (に)、晩 (に)」は in the evening です。

POINT 2 次の慣用表現では、冠詞は **a** を使います。

Have a good time.
楽しんできてね。

have a good time：楽しい時をすごす

He stayed in Paris **for a long time**.
彼は**長いあいだ**パリに滞在した。

for a long time：長いあいだ

We **took a walk** after lunch.
私たちは昼食のあと**散歩した**。

take a walk：散歩する

NOTE ....

山脈、川、海などの固有名詞の前に the をつけることがあります。
the Alps アルプス山脈 ／ **the** Nile ナイル川
the Pacific Ocean 太平洋

Check! 61 62

1〜3 年

STEP 62

He bought **a bed** yesterday.
彼はきのう（**1 台の**）**ベッド**を買った。

→ STEP 57

He goes to **bed** early.
彼は早く寝る。〈go to bed：寝る〉

上の文の bed には a がついています。この bed は "ものとしての
ベッド" を表しています。下の文の bed には冠詞がついていません。
この冠詞のない bed は "機能としてのベッド" を表していて、go to
bed で「寝る」という意味の慣用表現になります。

POINT 1 次のような慣用表現では、名詞を冠詞のない形（＝無冠詞）で使います。

I **go to school** with my sister.
私は妹といっしょに**通学しています**。

go to school：(授業を受けに) 学校へ行く

She went out late **at night**.
彼女は**夜**おそく出かけた。

at night：夜 (に)

We went to Karuizawa **by car**.
私たちは**車で**軽井沢へ行った。

by ＋乗り物 (無冠詞)：〜で

● "建物としての学校" には a や the がつきます。

［例］That building is **a** school.　あの建物は学校です。

POINT 2 このほか、"スポーツ""食事""学科" なども、ふつう冠詞をつけずに
使います。

We played **soccer** yesterday.
私たちはきのう**サッカー**をした。

What did you have for **breakfast**?
あなたは**朝食**に何を食べましたか。

I like **science**.
私は**理科**が好きです。

● play のあとに楽器名がくるときは the をつけ、スポーツ名がくるときは無冠詞です。

NOTE
家庭内では「お父さん」「お母さん」は、ふつう my, our をつけず、無冠詞で言います。
書くときは大文字ではじめて、Father などとします。

Mother is upstairs now.　お母さんはいま 2 階にいます。

4 数と量を表す形容詞（1） 多い・少ない

STEP 63

Do you have **a** computer?
あなたはコンピュータをもっていますか。

➡ STEP 57

Do you have **many** friends?
あなたは**たくさんの**友だちをもっていますか（＝友だちがたくさんいますか）。

上の文の computer（コンピュータ）の前についている a は、「1 つの」を意味する冠詞です。
下の文の friends の前にある many は「（数が）多い、たくさんの」を意味する形容詞です。

POINT 1

"数" や "量" を表す形容詞にはさまざまなものがあります。
"数" が「多い」ときは **many**、"量" が「多い」ときは **much** を使います。
many, much は、疑問文・否定文でよく使います。

He doesn't read **many** books.
　彼は**たくさんの**本を読まない（＝あまり本を読まない）。

Do you need so **much** money? — Yes, I do.
　あなたはそんなに**たくさんの**お金が必要なのですか。 —— はい、必要です。

●数えられる名詞のときは "数" なので many を使い、数えられない名詞のときは "量" なので much を使います。many のあとには複数形の名詞がきます。

POINT 2

"数" "量" どちらが「多い」ときにも使える表現として、**a lot of** があります。疑問文や否定文以外のふつうの文では、**many** や **much** の代わりによく使われます。

He has **a lot of** friends.
　彼には**たくさんの**友だちがいる。

We use **a lot of** water every day.
　私たちは毎日**たくさんの**水を使用する。

● a lot of のあとに数えられる名詞がくるときは、複数形になります。

N O T E
....

a lot of と同じ意味で使われる表現として、lots of, plenty of があります。

We have **plenty of** time.
　私たちには**たくさんの**時間がある。

Check! 63 64

2・3年

STEP 64

The boy has **a lot of** toys. → STEP 63
その少年は**たくさんの**おもちゃをもっている。

The boy has **a few** toys.
その少年は**少しの**おもちゃをもっている。

上の文の a lot of toys は「たくさんのおもちゃ」の意味です。
下の文の a few toys は「少しのおもちゃ」です。
なお、a lot of（たくさんの）は "数" にも "量" にも使えますが、
a few（少しの）は "数" にしか使えません。

POINT 1　"数" が「少しある」ときは **a few**（少数の、多少の）を、"量" が「少しある」ときは **a little**（少しの、少量の）を使います。

May I ask **a few** questions? 　　　　　　a few：(数が) 少しの、2, 3の
少し質問してもいいですか。

She drank **a little** water. 　　　　　　a little：(量が) 少しの
彼女は**少し**水を飲んだ。

●数えられる名詞のときは "数" なので a few を使い、数えられない名詞のときは "量" なので a little を使います。a few のあとには複数形の名詞がきます。

POINT 2　「少ししかない」「ほとんどない」という否定的な意味で使うときは、**a** をとって、**few, little** だけにします。"数" のときは **few** を、"量" のときは **little** を使います。

Few students passed the exam. 　　　few：(数が) 少ししか…ない、ほ
ほとんどの生徒がその試験に受から**なかった**。　　　とんど…ない

We have **little** information about him. 　　little：(量が) 少ししか…ない、
私たちには彼に関する情報が**ほとんどない**。　　　ほとんど…ない

● few のあとには複数形の名詞がきます。

NOTE

a few と few、a little と little のちがいは、数や量そのもののちがいではありません。重要なのは、a がないと "否定的な表現" になるという点です。

┌ I have **a few** friends. 　私には**少しの**友だちがいる。
└ I have **few** friends. 　私には**少ししか**（＝**ほとんど**）友だちが**いない**。

5 数と量を表す形容詞 (2) some と any

STEP 65

I have **two** questions.
私には**2つの**質問があります。

I have **some** questions.
私には**いくつかの**質問があります。

上の文の questions の前にある two は、"特定の数"を表す形容詞で、「2つの」の意味です。
下の文の questions の前にある some は、"不特定の数"を表しています。日本語にすると、「いくつかの」の意味です。

POINT 1　"数"を表す形容詞と、"順序"を表す形容詞をおぼえましょう。

Our apartment has **three** rooms.
　私たちのアパートには**3つの**部屋があります。

Our apartment is on the **third** floor.
　私たちのアパートは**3番目の**階（＝3階）にあります。

●数を表すことば（基数）と順序を表すことば（序数）
については巻末を参照してください。序数にはふつう
the をつけます。➡ **STEP 60**

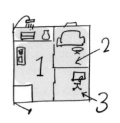

POINT 2　"不特定の数や量"を表すときは、some を使います。「いくつかの」「いくらかの」という意味を表します。なお、some は、数や量の"多い・少ない"を問題にしないので、日本語には訳さないことも多いです。

She put **some** oranges on a plate.
　彼女はお皿に（**いくつかの**）オレンジをおいた。

I want **some** cold water.
　私は（**いくらかの**）冷たい水がほしい。

● some のあとに数えられる名詞がくるときは、
ふつう複数形になります。

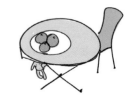

NOTE

some には、数えられる名詞の単数形の前において「ある〜」「何かの〜」というように、"不特定の"ものや人を表す使い方もあります。

She lives in **some** town in California.
　彼女はカリフォルニア州の**ある**町に住んでいる。

Check! 65 66

STEP 66

I have **some** questions.
私には**いくつかの**質問があります。

→ STEP 65

Do you have **any** questions?
あなたには（**いくつかの**）質問がありますか。

上は、"不特定の数"を表す some を使ったふつうの文（疑問文でも否定文でもない文）です。
下は、疑問文です。疑問文で"不特定の数"を表すときは、some ではなく any を使います。

POINT 1　疑問文で"不特定の数や量"を表すときには、ふつう **any** を使います。「いくつかの」「いくらかの」という意味を表します。

Do you have **any** brothers or sisters?
あなたには（**何人かの**）兄弟や姉妹がいますか。

Do you have **any** money?
あなたは（**いくらかの**）お金をもっていますか。

● some と同様、any も"多い・少ない"を問題にしないので、日本語に訳さないことが多いです。ただし、英語では、この any がないとやや不自然になってしまいます。

POINT 2　**any** を、否定を表す **not** といっしょに使うと、「１つの〜もない」「少しの〜もない」という意味になります。"数""量"どちらにも使います。

She does**n't** have **any** brothers or sisters.
彼女には兄弟姉妹は**１人もいない**。

I do**n't** have **any** money now.
私はいま、**ぜんぜん**お金をもってい**ない**。

● 〈not … any 〜〉の意味を〈no 〜〉で表すこともできます。たとえば、下の文は I have **no** money now. ということもできます。→ STEP 80

NOTE
文の形は疑問文でも、人に何かをすすめたりするときは、any ではなく some を使います。

Will you have **some** orange juice?
オレンジジュースはいかがですか。

6 注意すべき副詞の用法 (1)

STEP 67

She visited her uncle **yesterday**.

➡ STEP 15

彼女は**きのう**おじさんを訪ねた。

She **often** visited her uncle.

彼女は**しばしば**おじさんを訪ねた。

上の文の yesterday（きのう）は、"時" を表す副詞で、〈動詞＋目的語〉のあとにおかれています。

下の文の often（しばしば、よく）は、"頻度" を表す副詞で、ふつうの副詞とちがって、動詞の前におかれています。

POINT 1 **always**（いつも）、**often**（しばしば）などの "頻度" を表す副詞は、ふつう一般動詞の文では動詞の前に、**be** 動詞の文では、**be** 動詞のあとにおきます。

I **always** get up at six.

　私は**いつも** 6 時に起きます。

We **usually** play tennis after school.

　私たちは**ふつう**放課後にテニスをします。

He is **sometimes** late for school.

　彼は**ときどき**学校に遅刻する。

■ "頻度" を表す副詞

always	いつも
usually	ふつう（は）
often	しばしば
sometimes	ときどき
seldom	めったに～ない

POINT 2 副詞の **enough**（十分に）は、形容詞・副詞のあとにおきます。**very**（とても）という副詞と比べてみましょう。

The suitcase is **very** large.

　そのスーツケースは**とても**大きい。

The suitcase is large **enough**.

　そのスーツケースは**十分に**大きい。

NOTE

助動詞が使われている文では、"頻度" を表す副詞は、助動詞のあとにおきます。

I will **never** forget your kindness.

　あなたの親切は**けっして**忘れません。〈never も頻度を表す副詞〉

1年

STEP 68

This book is **very** nice. ➡ STEP 16

この本は**とても**すばらしい。

I like this book **very much**.

私はこの本が**とても**好きです。

 上の文では、形容詞の nice（すばらしい）を、副詞の very（とても）が強めています。
下の文では、動詞の like（好きだ）を、very ではなく、文末におかれた very much が強めています。

POINT 1 動詞の意味「とても」「たいへん」と強めるときは、**very much** や **so much** をよく使います。

I enjoyed the party **very much**.

私はそのパーティーを**とても**楽しみました。

Thank you **so much**.

たいへんありがとうございます（＝どうもありがとう）。

● much だけでも「とても」「たいへん」の意味を表しますが、
おもに否定文や疑問文で使われます。

POINT 2 副詞の **only**（単に、ただ〜だけ）は文のさまざまな要素（主語・動詞・目的語・副詞など）を強調することができます。ふつう強調する語句のすぐ前におきます。

Only Tom passed the exam.

トム**だけ**が試験に合格した。

She ate **only** salad. / She **only** ate salad.

彼女はサラダ**だけ**を食べた（＝サラダしか食べなかった）。

We live **only** once. / We **only** live once.

私たちは1度**しか**生き**ない**（＝人生は1度しかない）。

●動詞の目的語や副詞などを修飾するときは、しばしば動詞の前におきます。

N O T E

副詞の even（〜さえ、〜すら）も文のさまざまな要素（主語・動詞・目的語・副詞など）を修飾します。ふつう修飾する語句のすぐ前におきます。

Even a child knows that.

子ども**でさえ**そんなことは知っている。〈この even は主語の a child を修飾〉

7 注意すべき副詞の用法 (2)

STEP **69**

I like dogs. — I like dogs, **too**.

私は犬が好きです。 — 私**も**犬が好きです。

I don't like cats. — I don't like cats, **either**.

私はネコが好きではありません。 — 私**も**ネコが好きではありません。

上の文では、too が「〜も（また）」という意味を表していますが、下の文では、either が「〜も（また）」という意味を表しています。否定の内容に対して「〜も（また）…ない」と表現するときは、too ではなく either を使います。

POINT 1 **too** と **either** は、どちらも「〜も（また）」という意味を表しますが、**too** は肯定文（ふつうの文）に、**either** は否定文に使います。また、**too** は疑問文にも使います。

I like dogs and I like cats, **too**.

私は犬が好きですし、ネコ**も**好きです。

I'm hungry. — Me, **too**. (= I'm hungry, too.)

私はおなかがすいています。 — 私**も**です。〈Me, too.：私も同じです〉

I can't drive a car. — I can't, **either**.

私は車を運転できません。 — 私**も**できません。

May I go, **too**? — Sure.

私**も**行っていいですか。 — いいですよ。

POINT 2 **too** は、形容詞や副詞の前におくと、「あまりにも〜」「〜すぎる」という意味を表します。

These shoes are **too** big for me.

このくつは私には大き**すぎる**。

I ate **too** much.

私は**あまりにも**たくさん食べた（＝食べすぎた）。

●この too を使った重要な熟語表現（too 〜 to …）があります。 ➡ STEP 143

NOTE ....

「〜も（また）」という意味を表す副詞には、ほかに also もあります。also はふつう、一般動詞の文では動詞の前に、be動詞の文では be動詞のあとにおきます。

I **also** went to the party.

私**も**そのパーティーに行きました。

Check! 69 70

STEP 70

She swims **well**.
　→ STEP 15

　彼女は**じょうずに**泳ぐ（＝泳ぐのがじょうずです）。

She is a **good** swimmer.

　彼女は**じょうずな**泳ぎ手です（＝泳ぐのがじょうずです）。

上の文では、動詞の swims（泳ぐ）を副詞の well（じょうずに）が修飾しています。
下の文は、同じ意味を別の言い方で表しています。形容詞の good（じょうずな）が名詞の swimmer（泳ぐ人、泳ぎ手）を修飾しています。

POINT 1
〈動詞＋副詞〉とほぼ同じ意味を、〈形容詞＋名詞〉を使って表すことがあります。ポイントは、動詞（〜する）の意味を名詞（〜する人）を使って表し、副詞の意味を形容詞で表すようにすることです。

┌ He **plays** soccer **very well**.
└ He is a **very good** soccer **player**.
　　彼はサッカーがとてもじょうずです。

┌ She **runs fast**.
└ She is a **fast runner**.
　　彼女は走るのが速い。
　　〈上の文の fast は副詞で、下の文の fast は形容詞〉

● a fast runner は文字どおりには「速い走り手」です。
　訳すときは、なるべく自然な日本語にしましょう。

POINT 2
形容詞と副詞の、語形を比べてみましょう。いくつかのパターンがあります。形容詞と副詞の使い分けもしっかりできるようにしましょう。

■形容詞と副詞の形が同じもの

形 容 詞	副 詞
early （早い）	early （早く）
fast 　（速い）	fast 　（速く）
hard 　（熱心な）	hard 　（熱心に）

■形容詞に -ly をつけると副詞になるもの

形 容 詞	副 詞
slow 　（おそい）	slowly （ゆっくりと）
quick （すばやい）	quickly（すばやく）
easy 　（かんたんな）	easily 　（かんたんに）

＊ easily では、easy の y が i に変わっています。

NOTE

形容詞 good（うまい、じょうずな）の副詞は、well（うまく、じょうずに）です。形がまったくちがうので注意しましょう（上の書きかえを参照）。

ここでつまずかないように！

次の文のまちがいを見つけましょう。

1 That is a my bag.
あれは私のバッグです。

a は「1つの」「1人の」を意味する冠詞ですが、これを名詞の前につけるには、条件があります。"不特定" のものや人でなくてはならないのです。ですから、the（その）や my（私の）、your（あなたの）、this（この）などがつく場合には、a はつきません。

 ▲上の文は正しくは次のようになります ☞ That is **my** bag.

2 Our town has large a park.
私たちの町には大きな公園がある。

冠詞は名詞に対してつけるものですが、名詞の前に形容詞がつくときには、冠詞は〈形容詞＋名詞〉の前につけます。

▲上の文は正しくは次のようになります ☞ Our town has **a large** park.

なお、あとに母音ではじまる語がくるときは、a は an になるので、〈形容詞＋名詞〉の形容詞が母音ではじまるときは、an を使います。
[例] **an** interesting book　おもしろい本

3 I have a few money now.
私はいま少しお金をもっている。

a few と a little の使い分けに注意しましょう。a few は "数えられる名詞" に対して使い、a little は "数えられない名詞" に対して使います。money（お金）は数えられない名詞なので、a few は使えません。なお、a few と few、a little と little の使い分けもたいせつです。

 ▲上の文は正しくは次のようになります ☞ I have **a little** money now.

4 Tom takes his dog often to the park.
トムは犬をよく公園へ連れていく。

〈動詞＋目的語〉の形の文では、ふつう副詞は目的語のあとにおきますが、"頻度" を表す副詞は、一般動詞の文では "動詞の前" に、be動詞の文では "be動詞のあと" におきます。

▲上の文は正しくは次のようになります ☞ Tom **often takes** his dog to the park.

be動詞の場合の例も1つあげておきましょう。
My mother **is always** busy in the morning.　母は午前中はいつもいそがしい。

86

5

さまざまな文

STEP 71 ～ STEP 86

ここから、もう1度「文」について学習します。〈文のしくみ〉の章では、疑問文・否定文について、一般動詞とbe動詞に分けて、その基本的な形を学習しました。

この章では、それをベースにしながら、新しい要素の加わったさまざまな疑問文や否定文を見ていくと同時に、「存在を表す文」や「命令文」「感嘆文」といった新しい形の文についても学習し、表現の幅を広げていきます。

1 いろいろな疑問文 (1) What, Who など

1年

STEP 71

Is that a dolphin? — **Yes,** it is.
あれはイルカですか。 — はい、そうです。

→ STEP 20

What is that? — **It is** a dolphin.
あれは何ですか。 — （それは）イルカです。

上は be動詞のふつうの疑問文です。主語と be動詞の順番がぎゃく
になり、〈Be動詞＋主語…?〉の形になっています。
下は、What（何）が文頭にきている疑問文です。What のあとは、
ふつうの疑問文と同じで、〈be動詞＋主語〉の形になっています。

POINT 1 **what** は「何」という意味を表します。〈**What + be動詞＋主語…?**〉
〈**What + do ＋主語＋動詞の原形…?**〉の形で疑問文をつくります。答
えるときは、**Yes, No** を使わず、ふつうの文で答えます。

What is that building? — It's **a post office**.
あの建物は**何**ですか。 — （それは）**郵便局**です。

What do you want? — I want **a guitar**.
あなたは**何が**ほしいのですか。 — 私は**ギター**がほしいです。

What did Tom buy? — He bought **a camera**.
トムは**何**を買いましたか。 — 彼は**カメラ**を買いました。

● be動詞や「do」は、主語の人称や、単数・複数、現在・過去によって使い分けます。

POINT 2 **who** は「だれ」、**which** は「どれ、どちら」という意味を表します。
このように "疑問" を表すことばを「疑問詞」といいます。

Who is that girl? — She is **my cousin**.
あの女の子は**だれ**ですか。 — （彼女は）**私のいとこ**です。

Which is your glass? — **This** is mine.
あなたのコップは**どれ**ですか。 — **これ**が私のです。

● Who is[are] ～? に対しては、"名前" や "その人との人間関係"
などで答えます。

NOTE ....

What を使った次のような文で、職業や身分などをたずねることができます。
What does your father **do?** — He is **a doctor**.
あなたのお父さんは**何をなさっているのですか**。 — （彼は）**医者**です。

Check! `71` `72`

STEP 72

What is this?

これは**何**ですか。

➡ STEP 71

What flower is this? — It is a lily.

これは**何の花**ですか。──（それは）ユリです。

上の文の What は「何」という意味ですが、下の文の What はすぐあとの flower（花）を修飾して「何の花」という意味を表しています。つまり、上の What は代名詞のはたらき（＝名詞の代わり）をし、下の What は形容詞のはたらきをしていることになります。

POINT 1 **what, which** には、すぐあとの名詞を修飾して「何の〜」「どの〜」という意味を表す使い方があります。

What color is your car? — It's **red**.

あなたの自動車は**何色**ですか。──（それは）赤です。

What sport do you play? — I play **tennis**.

あなたは**何のスポーツ**をしますか。── 私は**テニス**をします。

Which book did you read? — I read **this one**.

あなたは**どの本**を読みましたか。── 私は**この本**を読みました。

● 「何」「だれ」のように代名詞のはたらきをする疑問詞を「疑問代名詞」といい、「何の〜」「どの〜」のように形容詞のはたらきをする疑問詞を「疑問形容詞」といいます。

POINT 2 「だれの〜」という意味を表すときは **whose** を使います。（**who** にはその意味はありません。）

Whose umbrella is this? — It's **mine**.

これは**だれの傘**ですか。──（それは）**私の**です。

Whose pictures do you like? — I like **Picasso's**.

あなたは**だれの絵**が好きですか。── 私は**ピカソの**（絵）が好きです。

● Whose の疑問文の答えでは、mine などの所有代名詞をよく使います。 ➡ STEP 49

NOTE
....

who は人の名前や人間関係をたずねるときに使いますが、直接相手の名前をたずねるときは、ふつう Who are you? とは言わず、次のように言います。

What is your name?　あなたの名前は何ですか。

May I have your name?　お名前をうかがってもよろしいですか。

2 いろいろな疑問文 (2) When, Where など

1 年

STEP 73

What do you want? — I want **a piano**.

あなたは**何が**ほしいのですか。 — 私は**ピアノが**ほしいです。

→ STEP 71

When do you study? — I study **at night**.

あなたは**いつ**勉強しますか。 — 私は**夜に**勉強します。

上は、"ほしいもの" をたずねる文で、What (何) ではじまっています。
What は want (ほしい) の "目的語" のはたらきをしています。
下は、"時" をたずねる文で、When (いつ) ではじまっています。
When は "時を表す副詞" のはたらきをしています。

POINT 1 when は「いつ」、where は「どこに、どこへ」という意味を表す疑問詞です。副詞のはたらきをするので「疑問副詞」ともいいます。

When did you meet him? — I met him **last night**.

あなたは**いつ**彼に会いましたか。 — 私は**きのうの夜**彼に会いました。

When is your birthday? — It's **May 30**.

あなたの誕生日は**いつ**ですか。 — **5 月 30 日**です。

Where are you now? — I'm **at Tokyo Station**.

あなたはいま**どこに**いるのですか。 — 私は**東京駅に**います。

Where does she live? — She lives **in Nagoya**.

彼女は**どこに**住んでいるのですか。 — **名古屋に**住んでいます。

● In Nagoya. のように、相手が聞きたいところだけを短く答えてもかまいません。

POINT 2 why は「なぜ」という意味を表す疑問詞です。理由をたずねるときに使います。ふつう Because 〜（〜だから、〜なので）で答えます。

Why is he so sad? — **Because** his dog died.

彼は**なぜ**そんなに悲しいのですか。 — 彼の犬が死んだ**から**です。

Why do you go to the mountains? — **Because** I love nature.

あなたは**なぜ**山へ行くのですか。 — 自然が大好きだ**から**です。

NOTE

why の疑問文に対しては "目的" を表す不定詞 (→ STEP 142) で答えることもあります。

Why did you go to Sapporo? — **To** see the Snow Festival.

あなたは**なぜ**札幌へ行ったのですか。 — 雪まつりを見る**ため**です。

Check! `73` `74`

`1年`

STEP **74**

Why did you go to Sapporo? ➡ `STEP 73`

あなたは**なぜ**札幌へ行ったのですか。

How did you go to Sapporo? — **By plane**.

あなたは**どうやって**札幌へ行ったのですか。 — **飛行機で**（行きました）。

上は、「なぜ」と"理由"をたずねる文なので、疑問詞の Why ではじまっています。
下は、「どうやって」と"方法"や"手段"をたずねる文です。このような文では疑問詞の how を使います。

POINT 1 **how** は「どうやって」「どんなふうに」という意味を表す疑問詞です。"方法"や"様態"をたずねるときに使います。

How can I get to the station?
— Go straight and turn left at the second corner.

駅へは**どうやって**行けばいいですか。
　　— まっすぐ行って、2つめの角を左に曲がってください。

How did you get the information? — I got it from the Internet.

どうやってその情報を手に入れたのですか。 — インターネットで手に入れました。

● From the Internet. のように、要点だけを短く答えてもかまいません。

POINT 2 **how** はまた、「どのような」という意味も表します。"状態"（健康・天候など）をたずねるときに使います。

How are you? — **Fine**, thank you.

お元気ですか。 — **元気です**、ありがとう。〈知人と出会ったときのあいさつ〉

How is your mother? — She's **fine**, thank you.

お母さんは**お元気です**か。 — （彼女は）**元気です**、ありがとう。

How was the weather? — It was **nice**.

天気は**どう**でしたか。 — **よい天気**でした。

NOTE

how を使った次のような表現もおぼえておきましょう。会話でよく使う言い方です。

How about a cup of coffee?

コーヒーを1杯<ruby>いかが<rt>ばい</rt></ruby>ですか。〈How about 〜? : 〜はどうですか〉

How about you?

あなたは**どうなの**。〈相手の意見や意向をたずねるとき〉

3 いろいろな疑問文 (3)　How old など

1・2年

STEP 75

How is she? — She's fine, thank you.　→ STEP 74
彼女は**元気で**すか。— （彼女は）元気です、ありがとう。

How old is she? — She's fifteen years old.
彼女は**何歳_{さい}で**すか。— （彼女は）15 歳です。

上の疑問文では、How が「（健康の状態が）どのような」という意味
で使われています。
下の疑問文では、How の後ろに形容詞の old があります。この How
old で、「どれくらいの年齢_{ねんれい}か（＝何歳か）」という意味を表します。

POINT 1　**how** のあとに **old**（〜歳の）、**tall**（背の高い）をおくと、「何歳か」「身
長がどのくらいか」をたずねることができます。この **how** は "程度"
（どれほど〜、どのくらい〜）を表しています。

How old are you? — I'm thirteen years **old**.
あなたは**何歳で**すか。— 13 歳です。〈years old はしばしば省略される〉
●なお、相手に直接年齢をたずねるのは失礼になることが多いので注意しましょう。

How tall is Tom? — He's 180 centimeters **tall**.
トムの**身長はどのくらい**ですか。— 180 センチです。

●答えの文では、数量を表すことばのあとに、old, tall を
つけます。なお、tall は "木" や "（細長い）建物" の高
さをいうときにも使えます。

POINT 2　同じように、**how** のあとに **high**（高い）や **long**（長い）をおくと、「高
さがどのくらいか」「長さがどのくらいか」をたずねることができます。

How high is Mt. Fuji? — It's 3,776 meters **high**.
富士山の**高さはどのくらい**ですか。— 3776 メートルです。

How long is that bridge? — It's 150 meters **long**.
あの橋の**長さはどのくらい**ですか。— 150 メートルです。

●答えの文では、数量を表すことばのあとに、high, long をつけます。

NOTE
how long は「（時間的な）長さ」をたずねるときにも使います。

How long are you going to stay in Japan? — About a week.
あなたは**どのくらい**日本に滞在_{たいざい}するつもりですか。— 1 週間ほどです。

1・2年

STEP 76

How tall is he?
彼の**身長はどのくらい**ですか。

➡ STEP 75

How many brothers does he have? — He has two.
彼には**兄弟が何人**いますか。 ——（彼には）2人います。

上は、How のあとに形容詞の **tall** がきて、"身長"をたずねる文になっています。下は、How のあとに形容詞の **many** がきて、"数"をたずねる文になっています。many のあとには複数形の名詞がきて、「どのくらいの数の〜（＝いくつの〜）」の意味を表しています。

POINT 1　**how many 〜** で「いくつの〜」という意味に、**how much 〜** で「どのくらいの（量の）〜」という意味になり、ものや人の数や量をたずねることができます。

How many lessons do you have today? — I have six.
あなたはきょう**いくつの授業**がありますか。 —— 6つあります。

How much money do you have? — I have 1,500 yen.
あなたは**いくらのお金**をもっていますか。 —— 1500円もっています。

●単に、Six. や 1,500 yen. などと答えてもかまいません。なお、How many のあとには複数形の名詞が、How much のあとには数えられない名詞がきます。

POINT 2　**how** のあとにさまざまな形容詞や副詞をおくことによって、"程度"（どのくらい〜か）をたずねるさまざまな疑問文をつくることができます。

How much is this? — It's 800 yen.
これは**いくら**ですか。 —— 800円です。

How often do you go to the movies? — Twice a month.
あなたは**どのくらい**（の回数）映画を見にいきますか。 —— 1か月に2回です。

How far is it from here to the station? — It's about 300 meters.
ここから駅までは（距離<small>きょり</small>が）**どのくらい**ありますか。 —— 約300メートルです。

● 300 meters のあとに far はつけません。

NOTE
次の文は、兄弟姉妹の数をたずねるときに使える言い方です。
How many brothers and sisters do you have?
あなたには兄弟姉妹は何人いますか。

4 注意すべき疑問文

STEP 77

Where does he live? — He lives in Tokyo. → STEP 73

彼は**どこに住んで**いますか。 — 東京に住んでいます。

Who lives in that house? — Mr. Jones does.

あの家には**だれが住んで**いますか。 — ジョーンズさんが住んでいます。

上の文では、Where のあとに、does he live というように疑問文の形（does ＋主語＋動詞の原形）がつづいています。
下の文では、Who のあとに does ではなく、動詞の lives がつづいています。これは Who がこの疑問文の"主語"だからです。

POINT 1 疑問詞が主語の疑問文は、ふつうの文と同じ形（主語＋動詞…）になります。疑問詞は３人称・単数あつかいなので、現在の文では一般動詞に **-s, -es** がつきます。

答え方 〈主語＋ **do / does / did.**〉／〈主語＋ **be 動詞 .**〉

Who went to the party with you? — Tim did.

だれがあなたとそのパーティーに**行った**のですか。 — ティムが行きました。

What is in the box? — My shoes are.

その箱の中には**何が入っています**か。 — 私のくつが入っています。

●この文の is（be動詞）は「ある・いる」の意味です。 → STEP 81

POINT 2 疑問詞の **what** を使って、次のように日付・曜日・時刻をたずねることができます。決まった言い方としておぼえておきましょう。

What's the date today? — It's May 24.

きょうは何月何日ですか。 — ５月24日です。〈What's = What is〉

What day is it today? — It's Friday.

きょうは何曜日ですか。 — 金曜日です。

What time is it (now)? — It's nine ten.

（いま）何時ですか。 — ９時10分です。

●曜日をたずねるときは、What day is today? または、What day of the week is (it) today? のようにもいいます。

NOTE

What is in the box? のような疑問文に対しては、There is[are] ～ の文（ → STEP 82 ）で答えることもあります。

There are some apples in it. その中には（いくつかの）リンゴが入っています。

Check! 77 　78

STEP 78

1年

Is he American? — **Yes**, he is.
彼はアメリカ人ですか。— はい、（彼は）そうです。　→ STEP 20

Is he American **or British**? — He is American.
彼はアメリカ人ですか、**それともイギリス人ですか**。— 彼はアメリカ人です。

上はふつうの疑問文です。「アメリカ人ですか」とたずねています。
下は、American でおわらず、or British がつけ加わっています。
こうすると、「アメリカ人ですか、それともイギリス人ですか」という "二者択一" の疑問文になります。

POINT 1　ふつうの疑問文のあとに〈**or** 〜〉をつけると、「…か、それとも〜か」というように、2つのうちのどちらなのかをたずねる文になります。答えるときは **Yes, No** を使いません。

Is he a singer **or** an actor? — He's a singer.
　彼は歌手ですか、**それとも**俳優ですか。— 彼は歌手です。
Is your bag blue **or** red? — It's blue.
　あなたのバッグは青ですか、**それとも**赤ですか。— 青です。
Do you want butter **or** jam? — I want jam.
　あなたはバターがほしいですか、**それとも**ジャムですか。— ジャムがほしいです。
Do you walk **or** take a taxi? — I walk.
　あなたは歩きますか、**それとも**タクシーに乗りますか。— 私は歩きます。
● 〈A or B〉の AB には、文の補語・目的語・動詞など、いろいろな役割のことばがきます。

POINT 2　**which**（どれ、どちら）ではじまる疑問文で、後ろに〈A or B〉（A それとも B）の形がくることもあります。

Which do you want, tea **or** coffee? — Tea, please.
　紅茶**と**コーヒー**では**、**どちらが**ほしいですか。— 紅茶をおねがいします。
Which is stronger, a lion **or** a tiger? — I don't know.
　ライオン**と**トラ**では**、**どちらが**（より）強いですか。— わかりません。
●このように、この形の疑問文ではしばしば比較級が使われます（→ STEP 103 ）。

NOTE ....
〈A or B〉の形の疑問文は、A を尻上がりに発音し、B は尻下がりに発音します。
Are you a teacher（↗）or a student（↘）?
　あなたは先生ですか、それとも生徒ですか。

95

5 いろいろな否定文

STEP 79

She **doesn't drink** coffee.
→ STEP 17

彼女はコーヒーを**飲まない**。

She **never drinks** coffee.

彼女は**けっして**コーヒーを**飲まない**。

上は、doesn't（= does not）を動詞 drink の前においた、ふつうの否定文です。doesn't のあとの動詞は原形の drink です。下の文では、never（けっして〜ない）という副詞を動詞の前において強い否定の意味を表しています。この文では動詞が drinks となっています。

POINT 1 **not** を使わずに否定の意味を表すこともあります。副詞の **never** を動詞の前におくと、「けっして〜ない」という強い否定の意味を表す文になります。

We will **never** forget you.

私たちはあなたのことを**けっして**忘れ**ない**。

He **never** tells a lie.

彼は**けっして**うそをつか**ない**。

● 前に never がきても、"3人称・単数・現在の s"はつけます。

POINT 2 **not** のあとに **all**（全部、全部の）、**every**（すべての）、**always**（いつも）などがくると、「全部が〜というわけではない」というように、"部分的に"が否定する言い方（=部分否定）になります。

I did**n't** see **all** of his movies.

私は彼の映画を**全部**見た**わけではない**。

He is **not always** right.

彼が**いつも**正しい**わけではない**。

● "部分"ではなく"全部"を否定して、「少しも〜ない、ぜんぜん〜ない」という意味を表すときは、not を any といっしょに使います。 → STEP 66

NOTE
"頻度"を表す副詞（→ STEP 67）の1つ seldom（めったに〜ない）を使って否定的な意味を表すこともできます。

She **seldom** watches TV.

彼女は**めったに**テレビを見**ない**。

1～3 年

STEP 80

I don't have a bike.
私は自転車をもってい**ない**。　→ STEP 17

I have **no** plans for tomorrow.
私にはあすは**1つの予定も**ない（＝何の予定もない）。

上は、don't（= do not）を動詞 have の前においた、ふつうの否定文です。この文では動詞の意味が否定されています。
下の文では、名詞 plans の前におかれた形容詞の no（少しの〜もない）が否定の意味を表しています。

POINT 1　形容詞の **no** で否定の意味を表すこともあります。〈**no** ＋名詞〉で「少しの〜もない」「1人の〜もいない」という意味になります。**no** のあとには、単数形も複数形もきます。

I have **no** money now.
　私はいま**ぜんぜん**お金をもってい**ない**。

No students came to the meeting.
　1人の生徒もその会議に来**なかった**。

She has **no** brothers or sisters.
　彼女には（**1人の**）兄弟も姉妹もい**ない**。

● 〈no ＋名詞〉は〈not … any ＋名詞〉と同じ意味になります。→ STEP 66

POINT 2　**nothing**（何も〜ない）や **nobody, no one**（だれも〜ない）を使って否定の意味を表す文をつくることもできます。

I know **nothing** about the accident.
　私はその事故については**何も**知ら**ない**。

Nobody knows his name.
　だれも彼の名前を知ら**ない**。

● nothing や nobody は1語の不定代名詞（→ STEP 51）ですが、使い方は〈no ＋名詞〉と同じように考えましょう。

NOTE
形容詞の few や little を使って否定の意味を表す文をつくることもできます。→ STEP 64

He has **little** interest in classical music.
　彼はクラシック音楽に**ほとんど**興味をもってい**ない**。

97

6 存在を表す文 「ある・いる」

STEP 81

He **is** my father.

彼は私の父**です**。

→ STEP 6

He **is** in New York.

彼はニューヨークに**いる**。

上の文の is は、He ＝ my father（彼＝私の父）というように、主語と補語をイコールの関係でむすぶはたらきをしています。
下の文の is は、「彼はニューヨークにいる」というように、「いる」の意味を表しています。

POINT 1 be動詞には"存在"の意味を表す使い方もあり、「〜がある」「〜がいる」という意味の文をつくることができます。

Your bag **is** on the table.

あなたのバッグはテーブルの上に**ある**。〈on 〜：〜の上に〉

I **was** there last Sunday.

私はこの前の日曜日そこに**いた**。〈there：そこに〉

● 「ある」「いる」を意味する be動詞のあとには、
ふつう"場所"を表す語句がきます。

POINT 2 「ある」「いる」の意味のときも、否定文・疑問文のつくり方はふつうのbe動詞の文と同じです。

They **were** **not** in the classroom.

彼らは教室に**いなかった**。〈in 〜：〜（の中）に〉

Is he at home? — Yes, he **is**.

彼は家に**いますか**。 — はい、**います**。〈at home：家に〉

Where **are** you? — **I'm** in a coffee shop.

あなたはどこに**いる**のですか。 — 喫茶店に**います**。

● 否定文をつくるときは be動詞のあとに not をおき、
疑問文をつくるときは be動詞を主語の前にもってきます。

NOTE

次の2つの文を比べてみましょう。

- I **live** in Tokyo. 私は東京に**住んでいる**。
- I **am** in Tokyo. 私は東京に**いる**。

Check!　81　82

STEP 82

Your bag is on the table.　→ STEP 81

あなたのバッグはテーブルの上に**ある**。

There is a bag on the table.

テーブルの上に（1つの）バッグが**ある**。

上の文では、be動詞の is が「ある」という意味を表しています。この文では、is の前の Your bag が主語です。
下の文は、特別な形の文です。There is 〜 で「〜がある」という意味を表します。この文では、is の後ろの a bag が主語です。

POINT 1　〈**There + be動詞＋主語…**〉という特別な形の文があります。これで「〜がある」「〜がいる」という意味を表します。この文の主語は be動詞のあとにきます。**be動詞**はその主語に合わせます。

There is some milk in the fridge.

冷蔵庫に（いくらかの）牛乳が**ある**。

There are twenty girls in my class.

私のクラスには女子が20人**いる**。

● 〈There + be動詞〉のあとには、ふつう、the（その）や my（私の）などのつかない不特定のものや人、初めて話題に出てくるものや人がきます。

POINT 2　否定文をつくるときは be動詞のあとに **not** をおき、疑問文をつくるときは be動詞を文頭にもってきて、〈**Is there 〜?**〉などとします。答えるときも **there** を使います。

There **wasn't** a cloud in the sky.

空には雲ひとつ**なかった**。〈wasn't = was not〉

Is there a TV in your room? — No, **there isn't**.

あなたの部屋にはテレビが**ありますか**。── いいえ、ありません。

Are there any cookies in the box? — Yes, **there are**.

その箱の中に（いくつかの）クッキーは**ありますか**。── はい、あります。

NOTE

この形の文は、How many や How much ではじまる疑問文で使うこともあります。

How many chairs are there in the room? — There are fifty.

その部屋にはいすが**いくつありますか**。── 50こあります。

99

7 命令文と Let's 〜 の文

STEP 83

You play the piano.

あなたはピアノを**ひく**。

→ STEP 4

Play the piano.

ピアノを**ひきなさい**（＝ピアノを**ひいて**）。

上は、You（あなたは）を主語とするふつうの文です。You play 〜
で「あなたは〜をひく」という事実をのべています。

下は、上の文から主語の You をとってしまった文です。こうすると、
相手に対して「〜をひきなさい」という"命令"を表す文になります。

POINT 1 相手に対して「〜しなさい」「〜して」というように命令や依頼などを
表す文を「命令文」といいます。命令文は、主語の You をいわずに、
動詞の原形から文をはじめます。

Listen to me.

私の言うことを**聞きなさい**（＝**聞いて**）。

Sit down, please.

どうぞ、**おすわりください**。

Please **open** the windows.

窓を**開けてください**。

●命令文の文頭や文末に please をつけると、ていねいな言い方になります。

POINT 2 「〜するな」「〜しないで」というように否定の命令文をつくるときは、
don't を前において、〈**Don't** ＋動詞の原形…〉の形にします。

Don't worry about it.

そのことは**心配するな**（＝**心配しないで**）。

Please **don't walk** so fast.

そんなに速く**歩かないでください**。

NOTE

You ではじめて、「あなたは〜しなさい」と命令の意味を表すこともあります。このときは、
You を強くいいます。この You は呼びかけと考えればいいでしょう。

You come this way.

あなたはこちらへ**来なさい**。

Check! | 83 | 84 |

STEP 84

Go to the park.
公園へ**行きなさい**。

➡ STEP 83

Let's go to the park.
公園へ**行きましょう**。

上は、動詞の原形 Go ではじまる命令文です。相手に向かって「行きなさい」と言っています。
下のように、その前に **Let's** がつくと、自分もふくめて「行きましょう」と誘いかける文になります。

POINT 1 〈**Let's** ＋動詞の原形…〉で「～しましょう」と相手に誘いかける言い方になります。

 「はい」 ⇒ 〈**Yes, let's.**〉 「いいえ」 ⇒ 〈**No, let's not.**〉

Let's play tennis. — Yes, let's.
テニスを**しましょう**。 —— ええ、そうしましょう。
Let's go out for lunch. — No, let's not.
昼食を食べに**出かけましょう**。 —— いや、やめておきましょう。

●ほかに、That's a good idea.（それはいい考えだ）や、I'm sorry, (but) I can't.（すみませんが、できません）などと答えることもできます。

POINT 2 be動詞の命令文も、やはり原形ではじめます。be動詞の原形は **be** です。「～でいなさい」「～にしなさい」という意味を表します。否定の命令文にするときは、**be** の前に **don't** をおきます。

Be a careful driver.
注意深い運転手に**なりなさい**
（＝注意して運転し**なさい**）。
Be quiet in this room.
この部屋では静かに**しなさい**。

Don't be afraid.
こわがら**ないで**。

● be動詞の前に don't がつくのはこの形の否定の命令文だけです。

NOTE
一般動詞の命令文では、You が主語の文から主語をとってしまえば命令文になりますが、be動詞の命令文では、You are ～ の are を be に変える必要があります。

　┌ **You are** a good boy.　あなたはよい子だ。
　└ **Be** a good boy.　よい子でいなさい。

8 2つの感嘆文

STEP 85

That is **a very beautiful picture**.
あれは**とても美しい絵**です。

→ STEP 16

What a beautiful picture that is!
あれは**何て美しい絵**でしょう。

上の文では、形容詞の beautiful（美しい）を、副詞の very（とても）が強めています。下の文では、文頭の What ～（何て～）が強い感情を表しています。What といっしょに、a beautiful picture も主語（that）の前にきています。

POINT 1 〈What（+ a[an]）+形容詞+名詞〉で文をはじめ、そのあとに〈主語+動詞 !〉をつづけると、「何て～な…でしょう」という強い感情（感嘆・おどろき・よろこび・悲しみ）を表す文になります。

What a kind girl she is!
　彼女は**何て親切な女の子**でしょう。

What pretty dresses you have!
　あなたは**何てきれいなドレス**をもっているのでしょう。

● あとに複数名詞や数えられない名詞がくるときは、
　a や an はつきません。

POINT 2 このように強い感情を表す文を「感嘆文」といいます。感嘆文のおわりにつく「!」を「感嘆符」といいます。感嘆文では、しばしば〈主語+動詞〉が省略されます。

What a funny boy (he is)!
　（彼は）**何ておもしろい男の子**でしょう。

What nice weather (it is)!
　何ていい天気でしょう。

● weather は数えられない名詞なので a はつけません。

NOTE

What ではじまる感嘆文では、あとが〈主語+動詞〉の語順になります。What ではじまる疑問文とちがうので注意しましょう。

┌ What a beautiful flower **that is**!　あれは何て美しい花でしょう。
└ What flower **is that**?　あれは何という花ですか。

Check! ⬜ 85 ⬜ 86

STEP 86

The baby is **very cute**.
その赤ちゃんは**とても**かわいい。

➡ STEP 16

How cute the baby is!
その赤ちゃんは**何て**かわいいのでしょう。

上の文では、形容詞の cute（かわいい）を、副詞の very（とても）が強めています。
下の文では、How 〜（何て〜）が強い感情を表しています。How といっしょに、形容詞の cute も主語（she）の前にきています。

POINT 1 〈**How**＋形容詞＋主語＋動詞 **!**〉で、「何て〜なのでしょう」という意味を表します。この形では、**How** のあとに **a** がつくことはありません。

How wonderful this song is!
この歌は**何てすてきな**のでしょう。

How cold it is today!
きょうは**何て寒い**のでしょう。

● How ではじまる感嘆文でも、〈主語＋動詞〉が省略されることがあります。何をさすかがおたがいにわかっているときです。

POINT 2 **How** の感嘆文では、**How** のあとに形容詞ではなく、副詞がくることもあります。〈**How**＋副詞＋主語＋動詞 **!**〉で、「何て〜に…するのでしょう」という意味になります。

How fast he swims!
彼は**何て速く**泳ぐのでしょう。

How well your sister plays the piano!
あなたのお姉さんは**何てじょうずに**ピアノをひくのでしょう。

● このように〈**How**＋副詞＋主語＋動詞＋目的語 **!**〉の形になることもあります。

N O T E

What ではじまる感嘆文と How ではじまる感嘆文を比べてみましょう。

┌ What **an exciting day** this is!　きょうは何てわくわくする日なのでしょう。
└ How **exciting** this day is!　きょうは何てわくわくするのでしょう。

● What のあとには〈（a[an] ＋）形容詞＋名詞〉の形がきます。

ここでつまずかないように！

次の文のまちがいを見つけましょう。

1 ## Where your uncle lives?
あなたのおじさんはどこに住んでいますか。

疑問詞ではじまる疑問文は、ふつう、疑問詞のあとに〈be動詞＋主語〉や〈do＋主語＋動詞の原形〉のように、"疑問文の語順"がつづきます。上の文もそのような形にしなくてはなりません。主語が３人称・単数で、一般動詞の"現在"の文なので、does を使います。

▲上の文は正しくは
次のようになります ## Where **does** your uncle **live**?

2 ## Who broke the window? — He is Tom.
だれが窓をわったのですか。― トムです。

疑問詞のあとには、ふつう"疑問文の語順"がつづきますが、疑問詞が"主語"のときは例外で、あとに"ふつうの文の語順"がつづきます。ですから、Who broke 〜? はまちがいではありません（Who did break 〜? などとしないように気をつけましょう）。まちがっているのは答えの文です。「だれが〜したのか」とたずねているので、「トムが〜した」と答えます。「〜した」の部分はかんたんに did(=broke the window) で表します。

▲上の文は正しくは
次のようになります ## Who broke the window? — **Tom did**.

3 ## There is my bag on the desk.
私のバッグはつくえの上にある。

There is [are] 〜（〜がある）の文は、〜に"特定されていないもの"がくるときに使います。ですから、ふつう There is [are] のあとに、the（その）や this（この）、my（私の）、your（あなたの）などがつくことばがくることはありません。

▲上の文は正しくは
次のようになります ## **My bag** is on the desk.

なお、次の文はもちろん正しい文です。
There is **a bag** on the desk. つくえの上にバッグがある。

4 ## How pretty dogs they are!
（それらは）何てかわいい犬なのでしょう！

How ではじまる感嘆文は、後ろに〈形容詞＋名詞〉の形はきません。後ろにこの形がくるのは What ではじまる感嘆文です。なお、What のあとには、しばしば〈a[an]＋形容詞＋名詞〉の形がきますが、これは名詞が"数えられる名詞"で"単数"のときです。

▲上の文は正しくは
次のようになります ## **What** pretty dogs they are!

6

文型と句

STEP 87 ～ STEP 96

〈文のしくみ〉の章では、文をつくる１つ１つの単語が、どんなはたらきをするかを中心に、基本的な文について学習しました。ここでは、それを「文型」の観点から整理・復習し、さらに「新しい文型」についても学んでいきます。

また、文型という観点からだけではつかみにくい、「句」を使った文（ここでは動詞的なはたらきをする句のみをあつかう）についても、ここで学習しておきましょう。

1	補語のある文・目的語のある文
2	目的語が２つある文
3	目的語に補語がつく文
4	句を使った文（１）
5	句を使った文（２）

1 補語のある文・目的語のある文

STEP 87

> She **was** a singer.
> 彼女は歌手**だった**。
>
> → STEP 25

> She **became** a singer.
> 彼女は歌手**になった**。

上の文では、was（be動詞）のあとに、補語（主語とイコールの関係でむすばれることば）の a singer（歌手）がきています。
下の文では、became（一般動詞）のあとに、やはり補語の a singer がきています。became は become（～になる）の過去形です。

POINT 1 一般動詞（be動詞以外の動詞）の中にも、あとに"補語"のくる動詞があります。**become**（～になる）はその代表的なものの1つです。

He will **become** a doctor.
　彼は医者**になる**でしょう。〈a doctor は補語〉
He will **become** rich someday.
　彼はいつかお金持ち**になる**でしょう。〈rich は補語〉

POINT 2 あとに補語がくる動詞として、次のようなものもおぼえておきましょう。これらの動詞では、しばしば形容詞が補語になります。

She **looked** happy.
　彼女はうれし**そうに見えた**（＝うれしそうだった）。 | look ～：～に見える
It **got** dark outside.
　外は暗**くなった**。 | get ～：～になる
He **grew** rich.
　彼はお金持ち**になった**。 | grow ～：～になる
He **seems** tired.
　彼はつかれている**ように見える**。 | seem ～：～のように見える

N O T E ....

その他、feel や turn にも、あとに補語がくる使い方があります。

I **feel** sleepy.
　私は眠いと**感じる**（＝眠い）。 | feel ～：～であると感じる

The traffic light **turned** yellow.
　（交通）信号が黄色**に変わった**。 | turn ～：～に変わる、～になる

STEP **88**

He became **a doctor.**

彼は**医者**になった。

➡ STEP 87

He visited **a doctor.**

彼は**医者を**訪れた。

 上の文の a doctor（医者）は、補語（主語とイコールの関係でむすばれることば）です。
下の文の a doctor は、動詞 visited（訪れた）の目的語です。ここで、補語と目的語のちがいをおさらいしておきましょう。

POINT 1 一般動詞の中には、あとに目的語（～を）がくるものがたくさんあります。目的語とは、動作の対象となる人やものを表すことばです。

My father plays **golf.**

私の父は**ゴルフを**する。

●あとに目的語がくる動詞は「他動詞」、こない動詞は「自動詞」です。

POINT 2 これまでに習った文の型（＝文型）を、"補語" と "目的語" の点から整理しておきましょう。

① 〈主語＋動詞〉の文（補語も目的語もない）

He lives in Osaka.

彼は大阪に住んでいる。〈in Osaka は補語でも目的語でもない〉

② 〈主語＋動詞＋補語〉の文

He became a teacher.

彼は先生になった。〈a teacher は補語〉

③ 〈主語＋動詞＋目的語〉の文

He teaches English.

彼は英語を教えている。〈English は目的語〉

●動詞によっては、2つ以上の文型をつくるものもあります。
なお、be動詞の文は、この分類では②になります。

N O T E

主語をS、動詞をV、補語をC、目的語をOという記号で表すことがあります。これを使うと、上の①は「ＳＶ」の文、②は「ＳＶＣ」の文、③は「ＳＶＯ」の文となります。
なお、S ＝ subject（主語）、Ｖ ＝ verb（動詞）、
　　　 Ｃ ＝ complement（補語）、Ｏ ＝ object（目的語）です。

2 目的語が2つある文

STEP 89

He **gave** _____ a bag.
彼は_____バッグを**あげた**。

He **gave her** a bag.
彼は**彼女に**バッグを**あげた**。〈give A B：AにBをあたえる、あげる〉

上の文は、このままだと「彼はバッグをあげた」ですが、これだけでは変です。「あげる（give）」という動作には、「あげるもの（～を）」だけでなく、「あげる相手（～に）」も必要です。
下の文では、動詞のすぐあとに「あげる相手」（her）がきています。

POINT 1 動詞の中には、"動作の対象（～を）"だけでなく"動作の相手（～に）"を必要とするものがあります。「～を」を「直接目的語」、「…に」を「間接目的語」といい、〈主語＋動詞＋間接目的語＋直接目的語〉の文をつくります。

I **sent him** an invitation.
　　間接目的語　　直接目的語
私は**彼に**招待状を**送った**。

| send A B：AにBを送る |

She **lent me** this book.
彼女は**私に**この本を**貸してくれた**。

| lend A B：AにBを貸す |

I **showed him** my new bike.
私は**彼に**新しい自転車を**見せた**。

| show A B：AにBを見せる |

He **told us** a funny story.
彼は**私たちに**おもしろい話を**してくれた**。

| tell A B：AにBを話す |

●これらの文の動詞には、「送る相手」「貸す相手」「見せる相手」などが必要です。

POINT 2 この形の文をつくる動詞の多くは"動作の相手"を必要とする動詞ですが、特に必要としない動詞でも、この形の文をつくることがあります。

He **bought her** a ring.
彼は**彼女に**指輪を**買ってあげた**。

| buy A B：AにBを買ってあげる |

Mother **made me** a dress.
母は**私に**ドレスを**つくってくれた**。

| make A B：AにBをつくってあげる |

NOTE

S（主語）V（動詞）O（目的語）を使ってこの文型を表すと「SVOO」となります。ほかにも、teach（教える）、cook（料理する、つくる）、bring（もってくる）、ask（たずねる）などがこの文型をつくります。

Check! 89 90

2年

STEP 90

He gave **her a bag**.
彼は**彼女にバッグを**あげた。

→ STEP 89

He gave **a bag to her**.
彼は**彼女にバッグを**あげた。

目的語が2つある文は、目的語が1つの文に書きかえることができます。上は、her が間接目的語で a bag が直接目的語の文です
下の文はそれを書きかえたものです。目的語は a bag だけで、間接目的語の「彼女に」は to her に変わっています。

POINT 1

"動作の相手（〜に）"は、間接目的語以外の形で表すこともできます。〈**give A B**〉〈**send A B**〉などの文は、「〜に」を to 〜 で表して、〈**give B to A**〉〈**send B to A**〉の形に書きかえることができます。

┌ I sent **him** a birthday present.
└→ I sent a birthday present **to him**.
　私は**彼に**誕生日プレゼントを送った。

┌ He teaches **us** English.
└→ He teaches English **to us**.
　彼は**私たちに**英語を教えている。

● 〈lend A B〉〈show A B〉〈tell A B〉なども同様に書きかえられます。

POINT 2

〈**buy A B**〉〈**make A B**〉などの文（→ STEP 89 ）は、〈**buy B for A**〉〈**make B for A**〉のように、to ではなく for を使って書きかえます。

┌ Father bought **me** a bike.
└→ Father bought a bike **for me**.
　父は**私に**自転車を買ってくれた。

┌ He cooked **me** breakfast this morning.
└→ He cooked breakfast **for me** this morning.
　けさは彼が**私に**朝食をつくってくれた。

●この for は「〜（のため）に」の意味です。

NOTE

〈give A B 〉などのBには、it や them などの代名詞はくることができません。そのようなときは〈give B to A 〉などの形で表します。

I gave **it** to him. 私は彼にそれをあげた。〈I gave him it. とはいわない〉

3 目的語に補語がつく文

2・3年

STEP 91

We called **his name**.
私たちは**彼の名前を**呼んだ。
→ STEP 88

We called **him Bob**.
私たちは**彼をボブと**呼んだ。〈call A B：A を B と呼ぶ〉

上は、his name を目的語とするふつうの他動詞の文です。
下の文では、called him（動詞＋目的語）のあとに Bob がきています。これで「彼をボブと呼んだ」という意味になります。
"彼（him）＝ボブ（Bob）"の関係にあることに注目しましょう。

POINT 1
動詞の中には、目的語のあとに、目的語を補うことば（＝目的語に対する補語）がくるものがあります。このような動詞は、〈主語＋動詞＋目的語＋補語〉の形の文をつくります。

We made **him our leader**.
　　　　　（目的語）（補語）
私たちは**彼を私たちのリーダーに**した。〈him = our leader〉

● our leader は目的語（him）に対する補語です。
次の文と比べてみましょう。

He was **our leader**.
（主語）　　（補語）
彼は私たちのリーダーでした。〈He = our leader〉

● our leader は主語（He）に対する補語です。

POINT 2
このような補語を「目的格補語」といいます。目的格補語のある文をつくる重要な動詞をおぼえておきましょう。

Everyone **calls** her Cathy.
だれもが彼女を**キャシーと呼ぶ**。

call A B：A を B と呼ぶ

She **named** the dog Taro.
彼女はその犬を**タロウと名づけた**。

name A B：A を B と名づける

They **made** John chairman.
彼らはジョン**を議長にした**。

make A B：A を B にする

NOTE
S（主語）V（動詞）O（目的語）C（補語）を使ってこの文型を表すと「S V O C」となります。なお、この補語を「目的格補語」というのに対して、「S V C」の文の補語を「主格補語」といいます。

Check! `91` `92`

STEP 92

We **made** him **our leader.** ➡ STEP 91

　私たちは彼を**私たちのリーダーにした。**〈make Ａ Ｂ：ＡをＢにする〉

We **made** him **angry.**

　私たちは彼を**怒らせた。**

　上の文は、〈主語＋動詞＋目的語＋補語〉の文で、目的語の him のあとに補語の our leader がきています。
　下の文では、目的語の him のあとに、名詞ではなく形容詞の angry がきています。これもまた、〈主語＋動詞＋目的語＋補語〉の文です。

POINT 1 〈主語＋動詞＋補語〉の文で形容詞が補語になることがあるように、〈主語＋動詞＋目的語＋補語〉の文でも、しばしば形容詞が補語になります。

Keep your room **clean.**　｜　keep Ａ Ｂ：ＡをＢ（の状態）にしておく
　　　　（目的語）　　（補語）
　（自分の）部屋を**きれいにしておきなさい。**

She **left** the windows **open.**　｜　leave Ａ Ｂ：ＡをＢのままにしておく、
　彼女は窓を**開けたままにしておいた。**　　　ＡをＢ（の状態）にする

He **found** the book **very interesting.**　｜　find Ａ Ｂ：ＡがＢだとわかる、感じる
　彼はその本を**とてもおもしろいと感じた。**

POINT 2 この形の文では、"事物"が主語で"人"が目的語になることもあります。英語ではよくある表現なので、慣れておきましょう。

The news **made** him **sad.**
　そのニュースは彼を**悲しませた**（＝そのニュースを聞いて彼は悲しんだ）。

His silence **left** me **uneasy.**
　彼の沈黙は私を**不安にした**（＝彼が黙っているので私は不安になった）。

●英語のままで理解できれば、特に日本語訳に
　こだわる必要はありません。

NOTE

ここでは、名詞や形容詞が目的格補語になる文を見てきましたが、実は、"動詞"も目的格補語になることがあります。それについてはあとで学習します（➡ STEP 150〜151 ）。

The news **made** him **cry.**
　そのニュースは彼を**泣かせた**（＝そのニュースを聞いて彼は泣いた）。

4 句を使った文（1）

STEP 93

I **walk** fast.

私は速く**歩く**。 → STEP 3

I **get up** early.

私は早く**起きる**。〈get up：起きる〉

 上の文では、動詞の walk が「歩く」という意味を表しています。下の文では、「起きる」という意味を表すために get という動詞と up という副詞を組み合わせた get up が使われています。つまり、get up という句で 1 つの意味を表しているのです。

POINT 1 〈動詞＋副詞〉のまとまりが、句として 1 つの意味を表すことがあります。次にあげる句は、どれも「自動詞」のようなはたらきをします。

Stand up, please.

　どうぞ、**立ち上がって**ください。　　stand up：立ち上がる

Please **sit down**.

　どうぞ**おすわり**ください。　　sit down：すわる

Why did you **run away**?

　あなたはなぜ**逃げた**のですか。　　run away：逃げる

● up（上へ）、down（下へ）、away（はなれて）はどれも副詞です。

POINT 2 〈動詞＋副詞〉の句が、「他動詞」（＝目的語を必要とする動詞）のはたらきをすることもあります。

Put on your coat, Mike.

　マイク、コートを**着なさい**。　　put on 〜：〜を着る、身につける

Take off your shoes, please.

　くつを**ぬいで**ください。　　take off 〜：〜をぬぐ、とりのぞく

●この形では、Put your coat on. のように、目的語が動詞と副詞のあいだにくることもあります。

NOTE

put on 〜 の on や、take off 〜 の off は副詞です。前置詞ではありません。なお、〜が代名詞のときは、かならず put 〜 on や take 〜 off の形にします。

Put it on, Mike.　マイク、それを着なさい。

STEP 94

Read this book.

この本**を読んで**ごらん。 → STEP 4

Look at this picture.

この絵**を見て**ごらん。〈look at 〜：〜を見る〉

上の文の動詞 read は、「〜を読む」という意味の他動詞です。
下の文では、look at という句が「〜を見る」という意味を表してい
ます。動詞の look（見る）は自動詞ですが、look at という句になると、
他動詞のようなはたらきをします。

POINT 1

〈動詞＋前置詞〉のまとまりが、句として 1 つの意味を表すことがあり
ます。使われている動詞は自動詞ですが、句としては「他動詞」のよう
なはたらきをします。

I **listened to** the radio.

　私はラジオ**を聞いた**。

I **waited for** Mary.

　私はメアリー**を待った**。

He **arrived at** the station at seven.

　彼は 7 時に駅**に着いた**。

listen to 〜：〜を聞く

wait for 〜：〜を待つ

arrive at 〜：〜に着く

● to, for, at はどれも前置詞です。前置詞については第 12 章を参照。

POINT 2

〈動詞（**have, take, make**）＋動作を表す名詞〉のまとまりが、句とし
て動詞的な意味を表すことがあります。

Let's **have a rest**.

　ひと休みしましょう。

I **took a bath** after supper.

　私は夕食後に**ふろに入った**。

He **made a decision** right away.

　彼はすぐに**決断した**。

have a rest：ひと休みす
る

take a bath：ふろに入る

make a decision：決定
する

NOTE

〈動詞＋名詞＋前置詞〉で 1 つの他動詞のようなはたらきをするものもあります。

He **took care of** the baby.

　彼はその赤ちゃん**の世話をした**。〈take care of 〜：〜の世話をする〉

5 句を使った文 (2)

1～3 年

STEP 95

She **likes** math.
　彼女は数学**が好きです。**　→ STEP 4

She **is good at** math.
　彼女は数学**が得意です。**〈be good at ～：～が得意だ〉

　上の文では、「～が好きだ」という意味を、動詞の likes が表しています。動詞の like は他動詞です。
下の文では、「～が得意だ」という意味を、is good at という句が表しています。この句の中の good は形容詞です。

POINT 1　〈be動詞＋形容詞＋前置詞〉のまとまりが、句として「他動詞」のようなはたらきをすることがあります。前置詞のあとにくる語句は、他動詞の目的語のようなはたらきをします。

He **is afraid of** dogs.
　彼は犬**をこわがる。**

be afraid of ～：～をこわがる

I **was late for** school today.
　私はきょう学校**に遅刻した。**

be late for ～：～におくれる

She **was absent from** school yesterday.
　彼女はきのう学校**を休んだ。**

be absent from ～：～を欠席する

POINT 2　このような句の表現は「慣用表現」としておぼえるのがいいでしょう。そのさい、ポイントとなるのは "前置詞は何か" です。

We **are proud of** our school.
　私たちは自分たちの学校**を誇りに思う。**

be proud of ～：～を誇りに思う

My plan **is different from** yours.
　私の計画はあなたの（計画）**とはちがう。**

be different from ～：～とちがう

The lake **is famous for** its clear water.
　その湖はきれいな水で（＝水がきれいなこと**で**）**有名です。**

be famous for ～：～で有名である

She **is familiar with** Japanese culture.
　彼女は日本の文化**をよく知っている**（＝精通している）。

be familiar with ～：～をよく知っている、精通している

NOTE

英語の文は、「文型」の観点から学習することも重要ですが、ここで見てきたような文では（ STEP 93~95 ）、それ以上に、「句」というまとまりに注目することがたいせつです。

Check! 95 96

1〜3年

STEP 96

He **can** play the violin.
→ STEP 35
彼はバイオリンをひく**ことができます**。

He **is able to** play the violin.
彼はバイオリンをひく**ことができます**。

上の文では、「〜することができる」という意味を、助動詞の can が
表しています。can のあとは動詞の原形です。
下の文では、「〜することができる」という意味を、is able to とい
う句が表しています。to のあとには、やはり動詞の原形がきます。

POINT 1 助動詞の **can** や **must** や **will** に似たはたらきをする句があります。
これらの句のあとには動詞の原形がきます。

Are you **able to** come tomorrow?
あなたはあす来る**ことができますか**。

You **have to** go now.
あなたはもう行か**なくてはならない**。

We **are going to** have a party tomorrow.
私たちはあすパーティーをひらく**つもりです**。

It**'s going to** snow tonight.
今夜は雪がふり**そうだ**。

be able to 〜：〜することが
できる

have to 〜：〜しなければなら
ない

be going to 〜：〜しようとし
ている、〜するつもりである

POINT 2 **had better** という句も、あとに動詞の原形がきて、「〜するほうがよい、
〜しなさい」という意味を表します。かなり強い口調の表現です。

You **had better** see a doctor.
医者に見てもらい**なさい**。

● should（→ STEP 36 ）を使ったほうが
やわらかい表現になります。

NOTE

have to の否定形 don't have to は「〜する必要はない」の意味です。"禁止"の意味を表
す must not（〜してはならない）とはちがうので注意しましょう。

You **don't have to** leave tonight.
あなたは今夜出発する**必要はありません**。

ここでつまずかないように！

次の文のまちがいを見つけましょう。

1 She felt sleep.
　　彼女は眠く感じた（＝眠かった）。

動詞の feel は、あとに補語がきて、「～と感じる」という意味を表すことがあります。その場合、補語になるのは形容詞です。上の文では補語の位置に sleep（眠る・眠り）という動詞または名詞がきているので、これを形容詞の sleepy（眠い）にする必要があります。

▲上の文は正しくは
次のようになります She felt **sleepy**.

2 I sent a picture card my parents.
　　私は両親に絵はがきを送った。

動詞 send は目的語を２つとることができます。〈send Ａ Ｂ〉で「ＡにＢを送る」の意味になります。「Ａに」のＡが先にきます。この順番をぎゃくにすることはできません。ですから、a picture card と my parents の位置を入れかえます。

▲上の文は正しくは
次のようになります I sent **my parents a picture card**.

また、〈send Ａ Ｂ〉の文は〈send Ｂ to Ａ〉の形に書きかえることもできます。ですから、上の文を次のようになおすこともできます。

 I sent a picture card **to** my parents.

3 We made Tom is our leader.
　　私たちはトムを私たちのリーダーにした。

動詞の make は、〈主語＋動詞＋目的語＋補語〉の形の文をつくって、「ＡをＢにする」という意味を表すことがあります。その場合、目的語と補語（＝目的格補語）のあいだに be 動詞が入ることはなく、〈make Ａ Ｂ〉で「Ａ（目的語）をＢ（補語）にする」の意味になります。この文では、Ａ＝ Tom で、Ｂ＝ our leader となります。

▲上の文は正しくは
次のようになります We made **Tom our leader**.

4 I often listen the radio in my room.
　　私は自分の部屋でよくラジオを聞きます。

動詞の listen は「（注意して）聞く」の意味ですが、他動詞ではないので〈主語＋動詞＋目的語〉の形の文をつくることはできません。「～を聞く」の意味を表すためには、listen to という〈動詞＋前置詞〉の形の"句"にしなくてはなりません。

▲上の文は正しくは
次のようになります I often **listen to** the radio in my room.

116

7

比較表現

STEP 97 ～ STEP 108

〈文のしくみ〉の章で、形容詞や副詞の基本的な使い方について習いましたが、ここでは、それを発展させた「比較表現」について学習します。たとえば、単に「大きい」ではなく「もっと大きい」「最も大きい」などといった言い方です。
英語では表現の幅を広げるときに、よく語形を変化（活用）させますが、この比較表現でも、形容詞や副詞の語形を変化させることが必要になります。

1 比較の表し方 (1) 比較級の文

Mt. Fuji is **high**.

富士山は**高い**。

→ STEP 14

Mt. Fuji is **higher than** Mt. Asama.

富士山は浅間山**より**（**もっと**）**高い**。〈higher：high の比較級〉

上の文では、is のあとに形容詞の high（高い）がきて「…は高い」という意味を表しています。
下の文は、単に「高い」ではなく、「浅間山より高い」という比較を表す言い方です。high が higher と形を変えています。

POINT 1

比較を表す形容詞の形を「比較級」といいます。〈形容詞の比較級＋**than ～**〉で「**～より（もっと）…**」という意味を表します。比較級はふつう、形容詞の語尾に **-er** をつけてつくります。

Mike is **taller than** Tim.
マイクはティム**より背が高い**。〈tall ⇒ taller〉

He is **older than** your sister.
彼はあなたのお姉さん**より年上**です。〈old ⇒ older〉

I want a **smaller** camera **than** this.
私はこれ**より小さい**カメラがほしいです。〈small ⇒ smaller〉

● 比較の対象（＝比較する相手）は than ～（～よりも）で示します。

POINT 2

副詞についても、同じようにして比較の文をつくることができます。〈副詞の比較級＋**than ～**〉で「**～より（もっと）…**」という意味を表します。比較級のつくり方は形容詞と同じです。

I can swim **faster than** Ken.
私はケン**より速く**泳ぐことができる。〈fast ⇒ faster〉

She studied **harder than** Bob.
彼女はボブ**より一生けんめい**勉強した。〈hard ⇒ harder〉

NOTE

比較級の否定文・疑問文のつくり方は、ふつうの否定文・疑問文のつくり方と同じです。

Are you older than Tom? — Yes, I am.
あなたはトムより年上ですか。— はい、（私は）そうです。

● これは be動詞の疑問文なので、〈Be動詞＋主語〉ではじまっています。

Check! 97 98

STEP 98

This movie is **longer** than that one. → STEP 97

この映画はあの映画より（もっと）長い。

This movie is **more interesting** than that one.

この映画はあの映画より（もっと）おもしろい。

 上は、形容詞 long（長い）の比較級 longer を使った文です。
下も、形容詞 interesting（おもしろい）の比較級を使った文ですが、
比較級の形がちがっています。interesting の場合は、語尾に -er が
つくのではなく、前に more がおかれています。

POINT 1 形容詞や副詞が比較的長い語（下記参照）のときは、語尾に -er をつけ
るのではなく、前に **more** をおいて比較級をつくります。

Health is **more important than** wealth.
　健康は財産**よりたいせつ**です。

Math is **more difficult** for me **than** English.
　私にとって数学は英語**よりむずかしい**。

He speaks English **more fluently than** I do.
　彼は私**より流ちょうに**英語を話します。

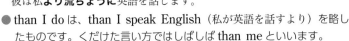

● than I do は、than I speak English（私が英語を話すより）を略し
たものです。くだけた言い方ではしばしば than me といいます。

POINT 2 **than ～** の部分が省略された比較の文もあります。わざわざ **than ～**
をいわなくても比較の対象がわかるときに使います。

Study **harder**.
　もっと一生けんめい勉強しなさい。

Please speak **more slowly**.
　もっとゆっくり話してください。

●どちらも「いまよりもっと」という意味がふくまれています。

NOTE

「比較的長い語」とは、おもに母音が 3 つ以上あるもののことですが、母音が 2 つあるいは
1 つでも、次のようなものはふつう more をつけて比較級にします。

famous（有名な）, slowly（ゆっくりと）, useful（役に立つ）, useless（役に立たない）,
active（活動的な）

2 比較の表し方（2） 最上級の文

Mt. Fuji is **higher than** Mt. Asama.

→ STEP 97

富士山は浅間山**より**（もっと）**高い**。〈higher：high の比較級〉

Mt. Fuji is **the highest in** Japan.

富士山は日本**でいちばん高い**。〈highest：high の最上級〉

> 上は、形容詞 high（高い）の比較級 higher を使った文です。
> 下は、「（〜より）もっと高い」ではなく「（〜で）いちばん高い」という意味を表す文です。ここでは形容詞の high が、higher ではなく、highest という形に変化し、さらに前に the がついています。

POINT 1　「最も…」「いちばん…」という意味を表す形容詞の形を「最上級」といいます。前に **the** をつけて〈**the ＋形容詞の最上級**〉の形で使います。最上級はふつう、形容詞の語尾に **-est** をつけてつくります。

John is **the tallest** in my family.

　　ジョンは私の家族の中で**いちばん背が高い**。〈tall ⇒ tallest〉

She is **the youngest** of the three.

　　彼女は3人の中で**いちばん若い**。〈young ⇒ youngest〉

You are **the strongest** boy in our school.

　　あなたは私たちの学校で**いちばん強い**少年です。〈strong ⇒ strongest〉

●最上級のあとには、ふつう「〜（の中）で」を意味する〈in 〜〉や〈of 〜〉がきます。

POINT 2　副詞についても、同じようにして最上級の文をつくることができます。〈**the ＋副詞の最上級**〉で「最も…」「いちばん…」という意味を表します。最上級のつくり方は形容詞と同じです。

Mike runs **the fastest** in his class.

　　マイクはクラスの中で**いちばん速く**走る。〈fast ⇒ fastest〉

He studied **the hardest** of us all.

　　彼は私たちみんなの中で**いちばん熱心に**勉強した。〈hard ⇒ hardest〉

●副詞の最上級では、the は省略されることがあります。

NOTE

最上級のあとにくる〈in 〜〉と〈of 〜〉の使い分けに注意しましょう。
in のあとには "比較の範囲" を表すことば（＝場所や領域など）がきます。
of のあとには "比較される人やものの全体" を表すことばがきます。

Check! 99 100

STEP 100

That is **the highest** place in the city. → STEP 99
そこはその都市で**いちばん高い**場所です。

That is **the most beautiful** place in the city.
そこはその都市で**いちばん美しい**場所です。

上の文では、形容詞 high（高い）の最上級 highest が使われています。
high の語尾に -est がついた形です。下の文では、形容詞 beautiful
（美しい）の最上級 most beautiful が使われています。こちらは、
beautiful の前に most がおかれた形です。

POINT 1 形容詞や副詞が比較的長い語のときは、前に **most** をつけて最上級をつくります。ですから、〈**the most** ＋形容詞・副詞〉の形になります。

This question is **the most difficult** of the three.
　この問題は３つ（の問題）の中で**いちばんむずかしい**。

He is **the most famous** person in this town.
　彼はこの町で**いちばん有名な**人です。

Venus was shining **the most brightly** in the sky.
　空では金星が**いちばん明るく**輝いていた。

●副詞の最上級では、the は省略されることがあります。

POINT 2 〈**one of the** ＋形容詞の最上級＋名詞〉で「最も〜な…の１つ」という意味になります。よく使う言い方です。

That is **one of the tallest buildings** in New York.
　あれはニューヨークで**最も高いビルの１つ**です。

She is **one of the most popular singers** in Japan.
　彼女は日本で**最も人気のある歌手の１人**です。

●この言い方のときは、形容詞の最上級の
あとにくる名詞は複数形になります。

NOTE
比較の範囲や比較の対象が、文脈や状況からあきらかなときには、〈in 〜〉や〈of 〜〉は
省略されることがあります。

This is **the most important** point.
　これが**いちばん重要な**ポイントです。

3 注意すべき比較変化

His house is **smaller** than mine.

→ STEP 97

彼の家は私の家**より小さい**。〈small ⇒ smaller〉

His house is **bigger** than mine.

彼の家は私の家**より大きい**。〈big ⇒ bigger〉

上の文も下の文も、形容詞の比較級を使った文です。
上の small の比較級は語尾に -er がついただけですが、下の big の
比較級は語尾に -ger がついています。
ここで比較級・最上級のつくり方を整理しましょう。

POINT 1 形容詞や副詞が「原級（もとの形）⇒比較級⇒最上級」と変化すること
を「比較変化」といいます。比較変化の規則は次のようになります。

つくり方	原　級	比　較　級	最　上　級
①ふつうは語尾に -er, -est をつけます。	high tall	higher taller	highest tallest
②語尾が e でおわるものには、 -r, -st をつけます。	large wide	larger wider	largest widest
③語尾が「子音字＋y」でおわるものは、y を i に変えて -er, -est をつけます。	happy early	happier earlier	happiest earliest
④語尾が「短母音＋子音字」でおわるものは、子音字を重ねて -er, -est をつけます。	big hot	bigger hotter	biggest hottest
⑤比較的長い語のときは、前に more, most をおきます。	popular slowly	**more** ～ **more** ～	**most** ～ **most** ～

POINT 2 試験などによく出る比較変化を例文で練習しておきましょう。

Japan is **larger** than Italy.
日本はイタリア**より大きい**。〈large ⇒ larger〉
He arrived the **earliest** of all.
彼はみんなの中で**いちばん早く**到着した。〈early ⇒ earliest〉
This problem is **easier** than that one.
この問題はあの問題**よりやさしい**。〈easy ⇒ easier〉
I live in one of the **hottest** cities in Japan.
私は日本で**いちばん暑い**都市の１つに住んでいる。〈hot ⇒ hottest〉

Check!　101　102

STEP 102

She sings **well**.
彼女は**じょうずに**歌います。

→ STEP 15

She sings the **best** in her class.
彼女はクラスで**いちばんじょうずに**歌います。〈well ⇒ best〉

語形の変化のしかたには、いつも規則的なものと不規則なものがあります。名詞や動詞もそうでした。形容詞や副詞の比較変化にも、やはり不規則なものがあります。
上の文の副詞 well（じょうずに）の最上級は best です。

POINT 1　次の不規則な比較変化をおぼえましょう。どれも重要なものです。

原 級	比 較 級	最 上 級
good（よい）, well（じょうずに、健康で）	better	best
bad（悪い）, ill（病気の）	worse	worst
many（多くの）, much（たくさんの）	more	most
little（少しの、少し）	less	least

Your answer is **better** than mine.
あなたの答えは私の（答え）**よりよい**。〈good ⇒ better〉

He has **more** books than me.
彼は私**よりたくさんの**本をもっている。〈many ⇒ more〉

● more, most は、比較的長い語の比較級・最上級をつくるときに使いますが、それ自体で、many や much の比較級・最上級として使うこともあります。

POINT 2　better と best は、動詞 like や love といっしょに使うときは、very much の比較級・最上級にもなります。

I like dogs **very much**.
私は**とても**犬が好きです。

I like dogs **better** than cats.
私はネコ**より**犬のほうが好きです。

I like dogs the **best** of all animals.
私はすべての動物の中で犬が**いちばん**好きです。

123

4 注意すべき比較表現

STEP 103

Japan is **larger than** Italy.
日本はイタリア**より大きい**。

→ STEP 97

Which is **larger**, Japan **or** Italy? — Japan is.
日本**と**イタリア**では**、**どちらのほうが大きい**ですか。 — 日本です。

上は、large（大きい）の比較級 larger を使った文です。後ろに比較の対象を表す than ～ があります。
下は、2つの国を比較して、「どちらがより大きいか」をたずねる文で、疑問詞 Which（どちら）ではじまっています。

POINT 1　2つのものを比べて「どちらがより～か」とたずねるときや、3つ以上を比べて「どれがいちばん～か」とたずねるときは、**Which** ではじめます。2つのものは、〈**A or B**〉の形で示します。

Which do you like **better**, dogs or cats? — I like dogs better.
犬**と**ネコ**では**、あなたは**どちらのほうが**好きですか。 — 犬のほうが好きです。

Which is **the most difficult** of the five questions? — This one is.
5つの問題のうちで**どれがいちばんむずかしい**ですか。 — この問題です。

●人を比べるときは、ふつうWhoを使います。

Who swims **faster**, Mike **or** Jim? — Jim does.
マイク**と**ジム**では**、**どちらのほうが**速く泳ぎますか。 — ジムです。

POINT 2　比較の対象にはさまざまなものがきます。名詞や代名詞のほかに、文の形（主語＋動詞…）がきたり、副詞がきたりすることもあります。

I got up **earlier than him**.　（＝I got up **earlier than he did**.）
私は**彼**（が起きる）**より早く**起きました。

I got up **earlier than I usually do**.
私は**いつも**（起きる）**より早く**起きました。

I feel **better** today **than yesterday**.
私はきょうは**きのうより気分がいい**です。

NOTE ....
不特定多数の中で「どれがいちばん～か」とたずねるときは、ふつう What を使います。
What is **the most popular** sport in Japan?
日本で**いちばん人気のある**スポーツは**何**ですか。

Check! 103 104

2 年

STEP 104

He is **very young**.
彼はとても若い。 ⇒ STEP 16

He is **much younger** than you.
彼はあなたより**ずっと若い**。

上の文では、形容詞の young が very で強められています。これで「とても若い」の意味です。
下の文では、比較級の younger が much で強められています。これで「(あなたより) ずっと若い」の意味になります。

POINT 1 形容詞や副詞の比較級を強めるときは、**very** ではなく **much** や **far** を使います。〈**much ＋比較級**〉〈**far ＋比較級**〉で「ずっと〜」の意味になります。また、〈**a little ＋比較級**〉で「少し〜」の意味になります。

She can play the piano **much better** than I can.
彼女は私より**ずっとじょうずに**ピアノをひくことができます。
Mike is **a little taller** than Jim.
マイクはジムより**少し背が高い**。

POINT 2 比較級や最上級を使った熟語表現もあります。

It is getting **darker and darker**.
ますます暗くなってきている。
I will **do my best**.
私は**最善をつく**します。
More than fifty people came to the party.
50 人以上の人がそのパーティーに来ました。
Most of us enjoyed the movie.
私たちのほとんどはその映画を楽しんだ。

●この most には the はつけません。

| 比較級＋ and ＋比較級：ますます〜 |
| do ＋所有格＋ best：最善をつくす |
| more than 〜：〜より多い、〜以上 (の) |
| most of 〜：たいていの〜、〜のほとんど |

NOTE ....

比較級の前に数や量を表すことばをおいて、比較の "程度" を表すことがあります。また、前置詞の by を使って "程度" を表すこともあります。

I'm **three years older** than Tom.
= I'm **older** than Tom **by three years**.　私はトムより**3 歳年上**です。

5 as … as 〜 を使った比較表現

STEP 105

Mary is **taller than** her mother.

→ STEP 97

メアリーは母親**より**背が高い。

Mary is **as tall as** her father.

メアリーは父親**と同じくらい**の背の高さです。

> 上の文の taller than 〜 は比較級を使った言い方で、「〜より背が高い」という意味です。
> 下の文の as tall as 〜 は、「〜と同じくらいの背の高さで」という意味を表しています。tall は比較級にはしません。

POINT 1 〈as … as 〜〉で「〜と同じくらい…」という意味になります。as と as のあいだには形容詞か副詞がきます。〈形容詞＋名詞〉がくることもあります。後ろの as 〜 が比較の対象を表します。

She became **as famous as** her sister.
　彼女は姉**と同じくらい有名**になりました。
She has **as many** books **as** you.
　彼女はあなた**と同じくらいの数**の本をもっている。
He can swim **as fast as** Mike.
　彼はマイク**と同じくらい速く**泳げます。

●この形の文では、形容詞や副詞は比較級にはしません。なお、形容詞・副詞の比較変化していない形（＝もとの形）を「原級」といいます。

POINT 2 〈twice as … as 〜〉とすると、「〜の２倍の…」という意味になります。twice（２倍）の代わりに X times（X倍）を入れると「〜の X倍の…」という意味になります。

He is **twice as** old **as** you.
　彼はあなた**の２倍**の年齢です。
The park is **four times as** large **as** Tokyo Dome.
　その公園は東京ドーム**の４倍**の大きさ（＝広さ）です。

NOTE ....

〈half as … as 〜〉とすると「〜の半分の…」という意味になります。
This lake is **half as** large **as** Lake Biwa.
　この湖は琵琶湖**の半分**の大きさです。

126

Check! 105 106

STEP 106

Mary is **as tall as** her father. ⟶ STEP 105

メアリーは父親と同じくらいの背の高さです。

Mary is **not as tall as** her brother.

メアリーは兄ほど背が高くない。

上の文の as tall as 〜 は"同等"を表す言い方で、「〜と同じくらいの背の高さで」という意味です。
下の文は、as tall as 〜 の前に否定を表す not がついています。これで「〜ほど背が高くない」という意味になります。

POINT 1 as … as 〜 の前に否定を表す not をおいて、〈not as … as 〜〉とすると、「〜ほど…ではない」という意味になります。

My school is **not as big as** yours.

私の学校はあなたの学校ほど大きくない。

I can**not** run **as fast as** my brother.

私は兄ほど速く走れ**ない**。

POINT 2 次の2つの熟語表現には as … as 〜 の形がふくまれています。よく使う言い方なのでおぼえておきましょう。

as … as possible：できるだけ…
as … as ＋ 代名詞 ＋ **can**：できるだけ…

Run **as fast as possible**.
Run **as fast as** you **can**.

できるだけ速く走りなさい。

Tom studied **as hard as possible**.
Tom studied **as hard as** he **could**.

トムは**できるだけ**一生けんめい勉強した。〈過去の文なので can は could にする〉

NOTE

as … as のあと（＝比較の対象）に、次のように any をふくむことばがくると、「どの〜にもおとらず…、だれにも負けないほど…」などの意味を表します。

Tom studied **as hard as anyone** (**else**) in his class.

トムはクラスの（**ほかの**）だれにも負けないほど一生けんめい勉強した。

6 比較表現の書きかえ

STEP 107

Mike is **taller than** John.   → STEP 97 マイクはジョン**より背が高い。**
John is **not as tall as** Mike.   → STEP 106 ジョンはマイク**ほど背が高くない。**

比較表現は、書きかえ問題として試験などでよく出題されます。ここで、書きかえのパターンをおぼえておきましょう。
上は、形容詞の比較級（taller）を使った文です。下は、それを〈not as ＋形容詞＋ as〉の形を使って書きかえたものです。

POINT 1 比較の文を書きかえる第1のパターンは、比較の方向をぎゃくにして、反対の意味をもつ形容詞・副詞（の比較級）を使うやり方です。

┌ Your shoes are **bigger than** mine.
└ あなたのくつは私の（くつ）**より大きい。**
↳ My shoes are **smaller than** yours.
　 私のくつはあなたの（くつ）**より小さい。**〈主語を My shoes にする〉

┌ Mike arrived **earlier than** her.
└ マイクは彼女**より早く**着いた。
↳ She arrived **later than** Mike.
　 彼女はマイク**よりおそく**着いた。〈主語を She にする〉

POINT 2 第2のパターンは、〈**not as … as ～**〉（～ほど…ではない）を使うやり方です。この場合も比較の方向をぎゃくにします。

┌ Mt. Fuji is **higher than** Mt. Asama.
└ 富士山は浅間山**より高い。**
↳ Mt. Asama is **not as high as** Mt. Fuji.
　 浅間山は富士山**ほど高くはない。**〈主語を Mt. Asama にする〉

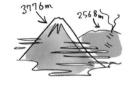
3776m　2568m

┌ Kate can play the piano **better than** me.
└ ケイトは私**より**じょうずにピアノをひくことができる。
↳ I can**not** play the piano **as well as** Kate.
　 私はケイト**ほど**じょうずにピアノをひくことはでき**ない。**〈主語を I にする〉

 NOTE ....

上のどちらの書きかえでも、もとの文で"比較の対象"だったものが、書きかえられた文では"主語"になります。

Check! 107 108

STEP 108

He is **the tallest** boy in his class.
➡ STEP 99
彼はクラスで**いちばん背が高い**男の子です。

He is **taller than any other** boy in his class.
彼はクラスの**ほかのどの**男の子**よりも背が高い**。

こんどは最上級の文を比較級で書きかえるやり方です。
上の文の「いちばん背が高い」(the tallest) という最上級表現を、
下の文では「ほかのどの〜よりも背が高い」(taller than any other
〜) という比較級表現で言いかえています。

POINT 1
最上級の文を、比較級を使って書きかえるときは、〈比較級＋ than any
other 〜〉(ほかのどの〜よりも…) とします。これで、「いちばん…」と
同じ意味になります。**any other** のあとには単数形の名詞がきます。

⌐ Tokyo is **the biggest** city in Japan.
└ 東京は日本で**いちばん大きい**都市です。
↳ Tokyo is **bigger than any other** city in Japan.
東京は日本の**ほかのどの**都市**よりも大きい**。

⌐ She ran **the fastest** in her class.
└ 彼女はクラスで**いちばん速く**走った。
↳ She ran **faster than any other** student in her class.
彼女はクラスの**ほかのどの**生徒**よりも速く**走った。

POINT 2
もう1つの書きかえ方は、比較の方向をぎゃくにして、〈**No other** … ＋
比較級＋ **than** 〜〉(ほかのどの…も〜より―ではない) の形にします。

⌐ This is **the tallest** building in Tokyo.
└ これは東京で**いちばん高い**ビルです。
↳ **No other** building in Tokyo is **taller than** this.
東京の**ほかのどの**ビルも、これ**より高く**はない。

●もとの文の主語 (This) が、書きかえられた文では比較の対象になります。

NOTE

上の最上級の文は、次のように 〈as … as 〜〉 の形を使っても書きかえられます。
No other building in Tokyo is **as tall as** this.
東京の**ほかのどの**ビルも、これ**ほど高く**はない。

ここでつまずかないように！

次の文のまちがいを見つけましょう。

1
This hat is more pretty than mine.
この帽子（ぼうし）は私のよりもかわいい。

more をつけて比較級をつくるのは、difficult, important, beautiful などの比較的長い語です。slowly などの -ly でおわる副詞もふつう more をつけて比較級にします（early は例外）。pretty は more をつけて比較級にする語ではありません。「子音字＋ y」でおわるので、y を i に変えて -er をつけます。

 ▲上の文は正しくは次のようになります 　This hat is **prettier** than mine.

2
That is tallest building in Japan.
あれは日本でいちばん高いビルです。

最上級では、比較級とちがって形容詞や副詞の形を変える（あるいは most をつける）だけでなく、前に the をつけなくてはなりません。ただし、副詞の最上級では the をつけないこともあります。

 ▲上の文は正しくは次のようになります 　That is **the** tallest building in Japan.

3
Jim is the smartest boy of his class.
ジムはクラスの中でいちばん頭のよい男の子です。

最上級の文では、後ろに〈in 〜〉や〈of 〜〉の形がよくきます。どちらも「〜の中で」の意味なので、使い分けに注意が必要です。in は、"ある場所や領域の中でいちばん" というときに使います。of は、"複数の人やものの中でいちばん" というときに使います。「クラス（class）」は "場所・領域" を表すことばなので、ここは in が適当です。

▲上の文は正しくは次のようになります 　Jim is the smartest boy **in** his class.

4
I can run not as fast as Mary.
私はメアリーほど速く走れない。

〈not as … as 〜〉で「〜ほど…ではない」という意味ですが、これを機械的に使うと、上のような文をつくってしまいます。not は否定文をつくる not ですから、上のような文では not は can のあとにおきます。

▲上の文は正しくは次のようになります 　I **cannot[can't]** run as fast as Mary.

なお、be動詞の文では次のように〈not as … as 〜 〉のままの形になります。
I am **not as** tall **as** Mary.　私はメアリーほど背が高くない。

130

8

受け身表現

STEP 109 ～ STEP 118

これまで学習してきた一般動詞の文は、"動作主"が主語となる文（～する）でしたが、英語の文には、"動作を受ける側"が主語となる文（～される）もあります。このような文の形を「受け身」あるいは「受動態」といいます。
受け身表現では、「過去分詞」という初めて習う変化形を使います。be動詞とこの過去分詞をいっしょに使うことによって、「～される」という受け身の意味を表します。

1 受け身の文のつくり方

2・3年

STEP 109

They **clean** this room every day.　→ STEP 4

彼らはこの部屋を毎日**そうじする**。

This room **is cleaned** every day.

この部屋は毎日**そうじされる**。

上の文の動詞 clean は「そうじする」という意味です。下の文では、動詞の部分が is cleaned となっています。これで、「そうじされる」という意味になります。この cleaned は clean の過去形ではありません。「過去分詞」という変化形です。

POINT 1 英語の動詞にはさまざまな変化形がありますが、その1つに「過去分詞」というものがあります。過去分詞は、〈be動詞＋過去分詞〉の形で使うと、「～される」という"受け身"の意味を表します。

This bridge **was built** six years ago.

　この橋は6年前に**建設された**。〈built：build（建てる）の過去分詞〉

My bike **was stolen** last week.

　私の自転車は先週**ぬすまれた**。〈stolen：steal（ぬすむ）の過去分詞〉

●受け身の文では、be動詞が過去形になると過去の文になります。

POINT 2 受け身の文では、しばしば過去分詞のあとに重要な意味をもつ語句がきます。〈前置詞＋名詞〉の形の句がよく使われるので慣れておきましょう。

This picture was painted **by John**.

　この絵は**ジョンによって**描かれた。〈painted：paint（描く）の過去分詞〉

English is spoken **in many countries**.

　英語は**多くの国で**話されている。〈spoken：speak（話す）の過去分詞〉

We were invited **to the party**.

　私たちは**そのパーティーに**招待された。〈invited：invite（招待する）の過去分詞〉

The concert will be held **on May 24**.

　そのコンサートは**5月24日に**ひらかれる。〈held：hold（ひらく）の過去分詞〉

●受け身の文を未来にするときは、be動詞を will be にします。

NOTE

「～される」という意味を表す文の形式を「受動態」ともいいます。受動態に対して、「～する」という文の形式を「能動態」といいます。能動態の文では動作をする側（＝動作主）が主語になりますが、受動態では動作を"受ける側"が主語になります。

Check! 109 110

STEP 110

She **is writing** a letter.
彼女は手紙を**書いている**。

➡ STEP 31

The letter **is written** in English.
その手紙は英語で**書かれている**。

上は進行形（〜している）の文で、be動詞のあとに使われているのは ing 形です。これを「現在分詞」といいます。
下は受け身（〜される）の文で、be動詞のあとに使われている written は「過去分詞」です。

POINT 1 過去分詞のつくり方。規則動詞の過去分詞は「過去形」と同じで、語尾が **-ed** になります。つくり方については、 STEP 21 を参照。

She **is loved** by everyone.
　彼女はだれからも**愛されている**。〈love ⇒ loved〉

● love は e でおわっているので、-d だけつけて過去分詞にします。

POINT 2 不規則動詞の場合は、1つ1つの動詞について、「原形・過去形・過去分詞」のそれぞれの形をおぼえる必要があります。変化の型としては次の4つがあります。

変化の型	原形（意味）	過去形	過去分詞	（型の説明）
A・B・C 型	give（あたえる） know（知っている）	gave knew	given known	原形・過去形・過去分詞 全部形がちがう。
A・B・B 型	build（建てる） make（つくる）	built made	built made	過去形と過去分詞が同じ 形をしている。
A・B・A 型	come（来る） run（走る）	came ran	come run	原形と過去分詞が同じ形 をしている。
A・A・A 型	cut（切る） put（おく）	cut put	cut put	原形・過去形・過去分詞 全部形が同じ。

● read（読む）の過去形・過去分詞は、つづりはどちらも原形と同じで read ですが、発音がちがいます。原形は [ríːd] ですが、過去形・過去分詞は [réd] です。

NOTE

受け身の文では、頻度を表す副詞（➡ STEP 67）や、still（まだ）、already（すでに）などの副詞は、be動詞と過去分詞のあいだにおきます。
That door is **always** closed.　あのドアは**いつも**閉まっている。
The camera is **still** used.　そのカメラは**まだ**使われている。

133

2 さまざまな受け身の文

STEP 111

The picture **was painted** by John. → STEP 109
その絵はジョンによって**描かれた**。

The street **was covered with** snow.
その通りは雪で**おおわれていた**。

上の文では、受け身の表現のあとに〈前置詞＋名詞〉の形の句（by John）がきています。下の文も同じように〈前置詞＋名詞〉がきていますが、こちらの場合、〈be動詞＋covered with ～〉で「～でおおわれている」という"熟語"になっています。

POINT 1 〈**be動詞＋過去分詞＋前置詞**〉の形の句が熟語になることもあります。受け身の意味がふくまれます。

The floor **is covered with** a red carpet.
床は赤いじゅうたん**でおおわれている**。

be covered with ～：
～でおおわれている

The room **was filled with** smoke.
その部屋は煙**でいっぱいだった**。

be filled with ～：～でいっぱいである

The story **is known to** everyone in the country.
その物語はその国のみんな**に知られている**。

be known to ～：～に知られている

POINT 2 次も受け身の熟語ですが、前置詞によって意味が変わります。使い分けができるようにしましょう。

This bridge **is made of** wood.
この橋は木**でできている**。

be made of ～：～でできている

Cheese **is made from** milk.
チーズは牛乳**からつくられる**。

be made from ～：～からつくられる

●材料となるものが"質的"に変化する場合は be made from ～を使います。また、be made into ～とすると「～にされる、～になる」という意味になります。

Milk **is made into** cheese.
牛乳はチーズ**にされる**（＝チーズ**になる**）。

NOTE ....

受け身の文で助動詞を使うときは〈助動詞＋be＋過去分詞〉の形にします。

This book **can be read** in a few hours.
この本は数時間で**読まれることができる**（＝数時間で読める）。

Check! 111 112

2・3年

STEP 112

I **was invited** to the party.	→ STEP 109
私はそのパーティーに**招待された**。	

I **was surprised** at the news.
私はそのニュースに**おどろいた**。

上も下も、動詞の部分が〈be 動詞＋過去分詞〉になった受け身の文です。しかし、上の文では「招待された」というように、受け身の意味（〜される）がはっきりしているのに対して、下の文は「おどろいた」というように、受け身の意味が表に出ていません。

POINT 1 感情や心理状態を表すとき、英語では受け身の表現を使うことがよくあります。これらもしばしば、熟語になっています。

We **were surprised at** the sight.	be surprised at 〜：〜におどろく
私たちはその光景に**おどろいた**。	
She **is interested in** classical music.	be interested in 〜：〜に興味がある
彼女はクラシック音楽に**興味がある**。	
Mother **was pleased with** my test results.	be pleased with 〜：〜をよろこぶ
母は私の試験の結果を**よろこんだ**。	
I **am satisfied with** his work.	be satisfied with 〜：〜に満足する
私は彼の仕事に**満足している**。	

●たとえば、「おどろく」を be surprised と受け身で表現するのは、"自分の意志で"おどろくのではなく、"何かにおどろかされて"おどろくからです。

POINT 2 「死ぬ」「生まれる」「けがをする」といった表現も、英語ではよく受け身で表します。"自分の意志で"けがをしたり死んだりするのではないからです。

They **were killed** in the war.
彼らはその戦争で**死んだ**。

She **was born** in 1986.
彼女は 1986 年に**生まれた**。

He **was injured** in the accident.
彼はその事故で**けがをした**。

NOTE

感情や心理状態を表す〈be動詞＋過去分詞〉の過去分詞は、しばしば形容詞化します。**POINT 1** の例文の過去分詞も、すでに形容詞化していると考えることもできます。

3 受け身の否定文・疑問文

STEP 113

He **was invited** to the party.
→ STEP 109

彼はそのパーティーに**招待された**。

Was he **invited** to the party? — **Yes**, he **was**.

彼はそのパーティーに**招待されましたか**。 — はい、（彼は）招待されました。

上は、ふつうの受け身の文です。He was invited で「彼は招待された」の意味です。
下は、それを疑問文にしたものです。主語と be動詞の順番がぎゃくになって、Was he invited …? となっています。

POINT 1 受け身の否定文は、ふつうの be動詞の否定文と同じように、be動詞のあとに **not** をおきます。〈be動詞＋ **not** ＋過去分詞〉の形になります。

English **is not spoken** in that country.
その国では英語は**話されていない**。

She **was not surprised** at the news.
彼女はそのニュースに**おどろかなかった**。

● 〈be動詞＋ not〉は isn't, wasn't などと
短縮形で使うこともよくあります。

POINT 2 受け身の疑問文は、ふつうの be動詞の疑問文と同じように、be動詞を主語の前にもってきます。〈Be動詞＋主語＋過去分詞…?〉の形になります。

Is the room **cleaned** every day?
その部屋は毎日**そうじされていますか**。

— **Yes**, it **is**. 〔**No**, it **isn't**.〕
はい、されています。〔いいえ、されていません。〕

Was the picture **painted** by John?
その絵はジョンによって**描かれたのですか**（＝ジョンが描いたのですか）。

— **Yes**, it **was**. 〔**No**, it **wasn't**.〕
はい、そうです。〔いいえ、そうではありません。〕

●答え方も、ふつうの be動詞の疑問文に対する答え方と同じです。

NOTE

受け身の否定文・疑問文も、ふつうの be動詞の否定文・疑問文と、つくり方は同じです。

Check! 113 114

STEP 114

Was this hotel **built** last year?　　→ STEP 113

このホテルは去年**建てられた**のですか。

When was this hotel **built**? — Last year.

このホテルは**いつ建てられた**のですか。 — 去年です。

上は、ふつうの受け身の疑問文です。〈Be 動詞＋主語〉（Was this hotel）の形ではじまっています。

下は、疑問詞の When ではじまる受け身の疑問文です。When のあとには、〈be 動詞＋主語〉（was this hotel）の形がつづいています。

POINT 1　**when, where** などの疑問詞ではじまる受け身の疑問文は、疑問詞のあとに〈be 動詞＋主語＋過去分詞〉の形がつづきます。

When was the telephone **invented**? — In 1876.

電話は**いつ発明された**のですか。 — 1876 年です。

Where was the car **made**? — In Germany.

その自動車は**どこでつくられた**のですか。 — ドイツです。

● It was invented in 1876. や It was made in Germany. のように答えることもできます。

POINT 2　疑問詞や疑問詞をふくむ語句が"主語"になる疑問文もあります。この場合は、あとに〈be 動詞＋過去分詞〉の形がつづきます。

What language is spoken in that country?

あの国では**何語が話されている**のですか。

— Spanish (is).

スペイン語です。

How many people were killed in the accident?

その事故で**何人の人が亡くなった**のですか。

— Twenty people (were).

20 人です。

● 答えるときは、〈主語＋ be 動詞 .〉の形で答えます。be 動詞は省略できます。

NOTE

疑問詞ではじまる疑問文のつくり方（→ STEP 71~77 ）をしっかり身につけておきましょう。受け身の場合もつくり方は同じです。

137

4 受け身への書きかえ

STEP 115

Everyone likes Kate.
みんな**ケイトが好きだ**。

→ STEP 4

Kate is liked by everyone.
ケイトはみんなに好かれている。

下の文は、上の文を受け身に書きかえたものです。
もとの文では目的語だった Kate が、書きかえられた文では主語になり、動詞の部分が is liked（好かれている）になっています。また、もとの文の主語が、by everyone で示されています。

POINT 1 受け身に書きかえられるのは、目的語のある文、つまり他動詞の文だけです。他動詞の文を受け身に書きかえるときは、もとの文の目的語を主語にします。そして、動詞を〈be動詞＋過去分詞〉の形にします。

- Mary **cleans the room**.
  メアリーが**その部屋をそうじする**。
- **The room is cleaned** by Mary.
  その部屋はメアリーによって**そうじされる**。

POINT 2 受け身に書きかえた文では、もとの文の主語は〈by 〜〉で示されます。また、be動詞は、もとの文が現在の文なら現在形に、過去の文なら過去形にします。

- **Tom loves** Mary.
  トムはメアリーを**愛している**。
- Mary **is loved** by Tom.
  メアリーは**トムに愛されている**。
- **John invited** us to the party.
  ジョンは私たちをそのパーティーに**招待した**。
- We **were invited** to the party **by John**.
  私たちは**ジョンによって**そのパーティーに**招待された**。

● be動詞は、書きかえた文の主語の人称・数に合わせます。

NOTE

by の後ろにくる代名詞は目的格になります。ですから、主語や目的語に代名詞が使われている文を受け身に書きかえるときは、代名詞のあつかいに注意しましょう。

- **He** loves **her**.　彼は彼女を愛している。
- **She** is loved by **him**.　彼女は彼に愛されている。

Check! [115] [116]

STEP 116

They speak English in that country. → STEP 56
あの国では**人びとは**英語を**話します**。

English **is spoken** in that country.
あの国では英語が**話されています**。

上は、"一般の人びと"を表す They を主語とする文です。これを受け身に書きかえた下の文では、その部分が示されていません。"一般の人びと"の場合、わざわざ by them などとしなくても、意味が通じるからです。

POINT 1 "一般の人びと"を表す **they** や **we, people** などが主語の文を受け身に書きかえる場合は、**by ～** を省略するのがふつうです。

┌ **They sell** vegetables at that store.
│ その店では野菜を**売っている**。〈この They はふつう訳さない〉
└→ Vegetables **are sold** at that store.
　その店では野菜が**売られている**。
┌ **We import** a lot of wood from Canada.
│ 私たちはカナダからたくさんの木材を**輸入している**。
└→ A lot of wood **is imported** from Canada.
　たくさんの木材がカナダから**輸入されている**。

● ぎゃくの書きかえもできるようにしておきましょう。必要に応じて、They, We, People などを主語にして書きかえます。

POINT 2 助動詞を使った文を受け身に書きかえるときは、〈助動詞＋ be ＋過去分詞〉の形にします。次の例は、助動詞 **will** を使った未来の文です。

┌ They **will open** the store next Sunday.
│ （彼らは）次の日曜日にその店を**ひらくだろう**。
└→ The store **will be opened** next Sunday.
　その店は次の日曜日に**ひらかれるだろう**。

● by them は省略されています。

N O T E

「～によって」をいう"必要"がないときも by ～ のない受け身の文になります。たとえば、次の文は、電話が「だれによって発明されたか」をいう"必要"のない文です。
The telephone **was invented** in 1876. 電話は **1876 年に発明された**。

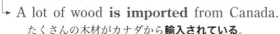

5 注意すべき受け身表現

STEP 117

My father gave **me this watch**.

→ STEP 89

父は**私にこのうで時計を**くれた。

I was given **this watch** by my father.

私は父からこのうで時計をあたえられた（＝もらった）。

上は、目的語が２つある文です。間接目的語（〜に）が me で、直接目的語（〜を）が this watch です。
下は、間接目的語を主語にして上の文を受け身に書きかえたものです。this watch は given のすぐあとにきています。

POINT 1 目的語が２つある文（SVOO の文）を受け身に書きかえるときは、ふつう、どちらの目的語を主語にしても書きかえられます。

┌ Emi sent **him the present**.

　エミは**彼にそのプレゼントを**送った。

└→ He was sent **the present** by Emi.

　彼は**エミからそのプレゼントを**送られた。〈間接目的語（人）を主語にした書きかえ〉

└→ **The present** was sent **(to) him** by Emi.

　そのプレゼントはエミから**彼に**送られた。〈直接目的語（もの）を主語にした書きかえ〉

●直接目的語を主語にして書きかえるときは to をおぎなうのがふつうです。

POINT 2 目的語のあとに補語がくる文（SVOC の文）を受け身に書きかえるときは、目的語を主語にし、補語を〈be 動詞＋過去分詞〉のすぐあとにおきます。

┌ We call **him Bob**.

　私たちは**彼をボブと**呼んでいる。

└→ He is called **Bob** (by us).

　彼は（私たちから）**ボブと**呼ばれている。

┌ Kate keeps **the room clean**.

　ケイトは**その部屋をきれいに**保っている。

└→ **The room** is kept **clean** by Kate.

　その部屋はケイトによって**きれいに**保たれている。

NOTE

上の囲みの中の文を、直接目的語を主語にして書きかえると、次のようになります。

This watch was given **(to) me** by my father.

　このうで時計は父から**私に**あたえられた（＝父からもらった）。〈to をおぎなうのがふつう〉

発展学習

STEP 118

The girls **laughed at** me.
→ STEP 94

その女の子たちは私のこと**を笑った**。〈laugh at ～：～を笑う、あざ笑う〉

I **was laughed at** by the girls.

私はその女の子たちに**笑われた**。

laugh（笑う）は自動詞ですが、laugh at ～ とすると「～を笑う」という意味の熟語になり、他動詞と同じはたらきをします。このような熟語は、そのままの形で受け身に書きかえることができます。下の文は、上の文を受け身に書きかえたものです。

POINT 1　自動詞の文はふつう受け身にできませんが、〈自動詞＋前置詞〉が他動詞のようなはたらきをする場合は（→ STEP 94 ）、受け身にすることができます。そのさい、〈自動詞＋前置詞〉の形はくずしません。

The man **spoke to** her.

　その男の人は彼女に**話しかけた**。

She **was spoken to** by the man.

　彼女はその男の人に**話しかけられた**。

● was spoken to の to は、省略することも位置を変えることもできません。

speak to ～：～に話しかける

POINT 2　同じように、次のような熟語も、そのままの形で受け身にできます。これらの熟語も全体で 1 つの他動詞のようなはたらきをするからです。

The cat **was run over** by a car.

　そのネコは自動車に**ひかれた**。

The old tree **was cut down** last week.

　その古い木は先週**切りたおされた**。

She **was taken care of** by her grandmother.

　彼女は祖母に**世話をしてもらった**。

run over ～：～をひく

cut down ～：～を切りたおす

take care of ～：～の世話をする

NOTE ....

受け身の学習ではじめて出てきた「過去分詞」は、次の「現在完了」の学習でも使われる、とても重要な変化形です。しっかりおぼえるようにしましょう。

ここでつまずかないように！

次の文のまちがいを見つけましょう。

1
He took this picture.
⇨ This picture was taken by he.

受け身の文への書きかえでは、もとの文の主語を〈by 〜〉で表すことがポイントの1つです。そのさい、もとの文の主語が He や She などの人称代名詞のときは注意が必要です。前置詞 by のあとなので、目的格の him や her にしなくてはなりません。

▲上の書きかえの文は
正しくは次のようになります This picture was taken by **him**.

この写真は彼によって撮られた。

2
John invited me to the party.
⇨ I am invited to the party by John.

受け身の文への書きかえでは、動詞の部分を〈be動詞＋過去分詞〉にしますが、そのさい、時制（現在・過去・未来）に注意が必要です。"過去分詞"というのは、"過去"を表すわけではありません。受け身の文の時制は be動詞で示されます。ですから、もとの文が過去の文であれば、be動詞を過去形にしなくてはなりません。

▲上の書きかえの文は
正しくは次のようになります I **was** invited to the party by John.

私はジョンにそのパーティーに招待された。

3
English is spoken in Australia.
⇨ Australia speaks English.

受け身の文からふつうの文（能動態の文）への書きかえです。もとの受け身の文には、by 〜 がありません。ですから、ふつうの文に書きかえるときには、主語をおぎなう必要があります。ここでは、"一般の人びと"を意味する they を使います。

▲上の書きかえの文は
正しくは次のようになります **They** speak English in Australia.

オーストラリアでは人びとは英語を話す（＝英語が話されている）。

4
We call her Susie.
⇨ Susie is called her (by us).

〈主語＋動詞＋目的語＋補語〉の文を受け身の文に書きかえるときには、もとの文の目的語を主語にします。補語は主語にできないので注意しましょう。上の文では、her が目的語で、Susie は補語です。

▲上の書きかえの文は
正しくは次のようになります **She** is called **Susie** (by us).

彼女は（私たちから）スージーと呼ばれている。

142

9

現在完了

STEP 119 ～ STEP 130

「動詞」には"時"を表すはたらきがあることを〈動詞と助動詞〉の章で習いました。そこでは、「現在」のほかに「過去」「未来」などの表し方について見ましたが、ここでは、「現在完了」という時の表し方について学習します。

現在完了というのは、"過去と現在の両方にまたがった時"を表す言い方です。受け身と同じように「過去分詞」を使いますが、be動詞ではなく have といっしょに使います。

1 現在完了の文　現在完了とは何か

2・3年

STEP 119

I **lost** my watch.

私はうで時計を**なくした**。

→ STEP 22

I **have lost** my watch.

私はうで時計を**なくしてしまった**〔いまはない〕。

上は、「うで時計をなくした」という単なる過去のできごとを表す文です。下は、単に「なくした」ではなく、「なくしてしまって、いまはない」という現在の状態までを表す文です。
動詞の部分が"have lost"となっていることに注目しましょう。

POINT 1　〈have＋過去分詞〉で表される"時"を「現在完了」といいます。まず基本的なこととして、「現在完了」には"過去＋現在"のニュアンス（意味合い）があるということをおぼえておきましょう。

■現在完了が表す"過去＋現在"の3つの意味合い

①完了・結果	「(いま) ～したところだ」「～してしまった (その結果がいま残っている)」 ⇒あるできごとが、まだ過去になりきらず現在につながっている。
②継　続	「(いままで) ずっと～している」 ⇒過去にはじまったことが現在もまだつづいている。
③経　験	「(いままでに) ～したことがある」 ⇒あるできごとを、過去から現在までの経験として表す。

POINT 2　それぞれの用法の基本的な例文を見ておきましょう。

I **have** just **returned** from school.

　　私はたった**いま**学校から**帰ったところだ**。〈完了・結果〉

I **have eaten** the cake.

　　私はそのケーキを**食べてしまった**〔もうケーキは残っていない〕。〈完了・結果〉

She **has lived** in Kyoto since 2010.

　　彼女は2010年から（**ずっと**）京都に**住んでいる**。〈継続〉

I **have visited** New York twice.

　　私はニューヨークを2回**訪れたことがある**。〈経験〉

●主語が3人称・単数のときは、have を has にします。

NOTE

現在完了で使われる have は助動詞です。ただし、can, must などの助動詞（→ STEP 35・36 ）とは性質がちがい、それ自身で特定の意味をもつわけではありません。

Check! `119` `120`

`2・3年`

STEP 120

He **has eaten** lunch.
→ STEP 119

彼は昼食を**食べてしまった**。

Has he **eaten** lunch? — **Yes**, he **has**.

彼は昼食を**食べてしまいましたか**。 — はい、（彼は）食べてしまいました。

上は、現在完了の文です。He has eaten というように、主語のあとに〈has ＋過去分詞〉がつづいています。
下は、それを疑問文にしたものです。has が主語の前に出て、Has he eaten となっています。

POINT 1　現在完了の疑問文をつくるときは、have を主語の前にもってきて、〈Have ＋主語＋過去分詞…?〉の形にします。（主語が3人称・単数のときは has を使います。）

答え方「はい」⇒〈Yes, ＋代名詞＋ have / has.〉
　　　　「いいえ」⇒〈No, ＋代名詞＋ haven't / hasn't.〉

Have you **brushed** your teeth? — **No**, I **haven't**.
歯を**みがいてしまいましたか**。 — いいえ、まだです。

Have you ever **visited** Nara? — **Yes**, I **have**.
あなたはいままでに奈良を**訪れたことはありますか**。 — はい、あります。

● ever は「いままでに」の意味を表す副詞です。→ STEP 126
なお、haven't は have not の、hasn't は has not の短縮形です。

POINT 2　現在完了の否定文をつくるときは、haveのあとにnotをおいて、〈have not＋過去分詞〉の形にします。（主語が3人称・単数のときはhasを使います。）

I **haven't finished** my homework yet.
私はまだ宿題を**おえていない**。〈haven't は have not の短縮形〉

She **hasn't had** breakfast yet.
彼女はまだ朝食を**食べていない**。〈hasn't は has not の短縮形〉

●否定文で使われる副詞の yet は、「まだ」という意味を表します。→ STEP 122

N O T E

"経験"を表す現在完了の否定文で、「1度も〜したことはない」というときには、〈have never ＋過去分詞〉のようにします。→ STEP 125

I **have never climbed** Mt. Fuji.　私は**1度も**富士山に**のぼったことがない**。

2 現在完了の用法 (1) 完了・結果

2・3 年

STEP 121

He **went** to New York last month.
→ STEP 22

彼は先月ニューヨークへ**行った**。

He **has gone** to New York.

彼はニューヨークへ**行ってしまった**〔いまここにいない〕。

上は、「先月ニューヨークへ行った」という過去のできごとをのべた文です。動詞は go の過去形の **went** が使われています。
下の文は、**has gone** と "現在完了" の言い方になっています。「行ってしまって、いまはここにいない」という意味を表しています。

POINT 1　現在完了には、「(いま)～したところだ」というように、動作が "たったいま完了したこと" を表す用法があります。しばしば副詞の **just**(ちょうどいま) をともないます。

I've *just* **finished** my homework.
　私はちょうど**いま**宿題を**おえたところ**です。〈I've は I have の短縮形〉

He **has** *just* **arrived**.
　たった**いま**彼が**到着したところ**です。

● just は have や has のすぐあとにおきます。

POINT 2　現在完了には、「(すでに)～してしまった」というように、動作が "完了して、その結果がいま残っていること" を表す用法があります。

I've **cut** my thumb.
　私は親指を**切ってしまった**〔いま痛い〕。

I've **lost** my pass holder.
　私は定期入れを**なくしてしまった**〔いまない〕。

He **has** *already* **eaten** the cake.
　彼はもうケーキを**食べてしまった**〔もうケーキはない〕。

He **has** *already* **arrived**.
　彼はすでに**到着している**。

● 副詞の already (すでに、もう) は have や has のすぐあとにおきます。

NOTE

上の2つの使い方を合わせて〈完了・結果〉の用法といいます。例文を何度も声に出して言いながら、この用法の表す "感覚" をつかんでしまいましょう。

Check! 121 122

2・3 年

STEP **122**

I **have** already **read** the book. → STEP 121

私はその本をもう**読んでしまった**。

I **haven't read** the book yet.

私はその本をまだ**読んでいない**。

上は、"完了・結果"の意味を表す現在完了の文です。have read で
「読んでしまった」の意味です（この read は過去分詞）。
下は、その否定文です。「まだ読んでいない」という意味になります。
副詞が already から yet に変わり、位置もちがっています。

POINT 1 〈完了・結果〉の用法の否定文は、「（まだ）〜していない」というように、
動作がまだ完了していないことを表します。しばしば副詞の **yet**（まだ）
をともないます。

I **haven't seen** the movie *yet*.
　私は**まだ**その映画を**見ていない**。

Tom **hasn't come** *yet*.
　トムは**まだ来ていない**。

● yet は文末におきます。already の位置とのちがいに注意しましょう。

POINT 2 〈完了・結果〉の用法の疑問文は、「（もう）〜してしまったか」という
ように、動作がもう完了したかどうかをたずねる文になります。この場
合も、しばしば **yet**（もう）をともないます。

Have you **had** lunch *yet*? — **Yes**, I **have**.
　あなたは**もう**昼食を**食べてしまいましたか**。 ── はい、食べてしまいました。

Has the train **left** *yet*? — **No**, it **hasn't**.
　その電車は**もう**出発してしまいましたか。 ── いいえ、まだです。

● yet は文末におきます。yet は否定文のときは「まだ」と訳しますが、
　疑問文のときは「もう」と訳します。

NOTE ....

"完了・結果"を表す疑問文に対して「いいえ」と答える場合、会話ではしばしば次のよう
な言い方をします。

Have you **written** your essay *yet*? — **No, not yet**.
　あなたはもう作文を書いてしまいましたか。 ── いいえ、まだです。

I **live** in Kobe.

→ STEP 3

　私は神戸に**住んでいる**。

I **have lived** in Kobe for five years.

　私は5年間（**ずっと**）神戸に**住んでいる**。

　上は、「いま神戸に住んでいる」という現在の事実をのべた文です。
　動詞の live（住む）は現在形です。
　下は現在完了の文です。「5年間神戸に住んでいる（いまも住んでいる）」というように、"過去から現在にかけての継続" を表しています。

POINT 1　現在完了には、「（いままでずっと）〜している」「（いままでずっと）〜だ」というように、ある状態が "過去から現在へと継続していること" を表す用法があります。しばしば次のような修飾語句をともないます。

> **for 〜**：〜のあいだ（〜には期間を表すことばがくる）
> **since 〜**：〜から、〜以来（〜には過去の1時点を表すことばがくる）

She **has loved** music *since* childhood.
　彼女は子どものころから（**ずっと**）音楽が**大好きです**。

I **have known** him *for* ten years.
　私は10年間（＝10年前から）彼を**知っている**。

He **has lived** in Sendai *since* 2001.
　彼は2001年から（**ずっと**）仙台に**住んでいる**。

POINT 2　be動詞も現在完了になることがあります。〈have been ＋補語〉で"状態の継続" を表します。been は be動詞の過去分詞です。

I've **been busy** *since* yesterday.
　私はきのうから（**ずっと**）**いそがしい**。

She **has been sick** *for* a month.
　彼女は1か月のあいだ（＝1か月前から）**病気だ**。
　〈be動詞の過去分詞はつねに been〉

NOTE ....

for 〜 や since 〜 をともなわないこともあります。

She **has wanted** a piano.
　彼女は（**以前から**）ピアノを**ほしがっている**。

Check! 123 124

STEP 124

I have known him **for ten years**. → STEP 123
私は **10 年間**（＝ 10 年前から）彼を知っている。

How long have you known him?
あなたは**どのくらいのあいだ**（＝いつから）彼を知っていますか。

上は、〈継続〉を表す現在完了の文です。for ten years（10 年間）が継続の "期間" を表しています。
下は、継続の "期間" をたずねる現在完了の疑問文です。How long（どのくらいのあいだ）ではじまっています。

POINT 1　**How long** ではじまる現在完了の疑問文で、継続の "期間" をたずねることができます。**For 〜 .** や **Since 〜 .** で答えます。

How long have you lived here?
あなたは**どのくらい**（のあいだ）ここに住んでいるのですか。

— **For** ten years.
　　10 年**間**です。

— **Since** 2007.
　　2007 年**から**です。

● I've lived here for ten years. のように
完全な文で答えてもかまいません。

POINT 2　〈継続〉の用法の否定文は、「（ずっと）〜していない」「（ずっと）〜ではない」という意味を表します。

I **haven't seen** him *for* a long time.
　　私は長いあいだ（**ずっと**）彼に**会っていない**。

He **hasn't been happy** *since* the accident.
　　その事故以来（**ずっと**）彼は**気持ちが晴れない**。

N O T E

"期間" を表す語句が、次のように for 〜 の形をとらない場合もあります。

I haven't seen her **these five years**.
　　私は**この 5 年間**彼女に会っていない。

Have you lived here **long**?
　　あなたは**長いあいだ**ここに住んでいるのですか。〈この long は副詞〉

4 現在完了の用法 (3) 経験

2・3年

STEP 125

I **saw** the movie.
私はその映画を**見た**。

→ STEP 22

I**'ve seen** the movie three times.
私はその映画を（いままでに）3回**見たことがある**。

上は、「その映画を見た」という、単なる過去のできごとをのべた文です。動詞は see（見る）の過去形の saw が使われています。
下は現在完了の文です。「（いままでに）3回見たことがある」という、"過去から現在にかけての経験" を表しています。

POINT 1　現在完了には、「（いままでに）～したことがある」というように、すでに起きたことを "過去から現在までの経験" として表す用法があります。しばしば次のような修飾語句をともないます。

once（1回），**twice**（2回），**~ times**（～回）
often（しばしば），**before**（以前に）

I**'ve read** the book *twice*.
私はその本を2回**読んだことがある**。
He **has climbed** Mt. Fuji *many times*.
彼は何回も富士山に**のぼったことがある**。
I**'ve met** her somewhere *before*.
私は以前どこかで彼女に**会ったことがある**。

POINT 2　〈経験〉の用法の否定文では、**never**（いままで1度も～ない）をよく使います。**never** はふつう過去分詞の前におきます。

I **have** *never* **talked** to him.
私は1度も彼と**話をしたことはない**。
She **has** *never* **fallen** in love before.
彼女はいままで1度も恋に**落ちたことがない**。

NOTE

〈経験〉の用法では often（しばしば）が使われることもあります。often はふつう過去分詞の前におきます。
I **have** *often* **visited** Kyoto.　私はしばしば（＝何度も）京都を**訪れたことがある**。

Check! `125` `126`

STEP **126**

I have climbed Mt. Fuji twice.   → STEP 125

私は富士山に２回**のぼったことがある**。

Have you ever **climbed** Mt. Fuji?

あなたはいままでに富士山に**のぼったことがありますか**。

上は、「（いままでに）富士山に２回のぼったことがある」という、〈経験〉を表す現在完了の文です。
下は〈経験〉を表す現在完了の疑問文です。have が主語の前にきています。climbed の前にある ever は「いままでに」の意味の副詞です。

POINT 1 〈経験〉をたずねる現在完了の疑問文では、しばしば副詞の **ever**（いままでに）が使われます。**ever** は過去分詞の前におきます。

Have you *ever* **traveled** abroad? — **Yes**, **I have**.
　あなたはいままでに海外*旅行をした*ことがありますか。── はい、あります。
Have you *ever* **played** golf? — **No, I haven't**.
　あなたはいままでにゴルフを**したことがありますか**。── いいえ、ありません。

● 「いいえ」のときは、No, I never have. のようにもいいます。

POINT 2 **How many times** または **How often** ではじまる現在完了の疑問文で、「何回〜したことがあるか」をたずねることができます。

How many times have you seen the movie? — **Four times**.
　あなたはその映画を**何回**見たことがありますか。── ４回です。

● I've seen it four times. のように答えてもかまいません。

How often have you visited Osaka? — **Never**.
　あなたは**何回**大阪を訪れたことがありますか。── １度もありません。

N O T E

現在完了の３つの用法を使い分けるうえで、修飾語句はとても重要です。
ここで、重要なものについて整理しておきましょう。

完了・結果	just (ちょうどいま), already (すでに), yet (まだ [否定文]、もう [疑問文])
継　　続	for 〜 (〜のあいだ), since 〜 (〜以来)
経　　験	once (１回), twice (２回), 〜 times (〜回), often (しばしば) before (以前に), never (１度も〜ない), ever (いままでに)

5 さまざまな完了表現

STEP 127

He is playing a game now. → STEP 31

彼はいまゲームを**している**。

He has been playing a game for two hours.

彼は2時間（**ずっと**）ゲームを**しつづけている**〔いまもしている〕。

上は、「いまゲームをしている」という "現在進行中の動作" を表す文です。動詞の部分は is playing となっています。
下の文では、動詞の部分が has been playing となっています。これで「ずっとゲームをしつづけている」という意味を表します。

POINT 1 進行形（be動詞＋〜ing）の文も現在完了にすることができます。**be動詞を have been にして、〈have been 〜ing〉の形にすると、"動作の継続"（〜しつづけている）を表す文になります。**

We **have been walking** *since* this morning.

　私たちはけさから（**ずっと**）歩きつづけている。

How long **have** you **been watching** TV?

　あなたはどのくらいテレビを**見つづけている**のですか。

POINT 2 このような表現を「現在完了進行形」といいます。現在完了の〈継続〉の用法はふつう "状態" の継続を表しますが（→ STEP 123）、現在完了進行形は "動作" の継続を表します。

It **has been raining** *for* three days.

　3日間（**ずっと**）雨がふりつづいている。

He **has been working** *for* three hours.

　彼は3時間（**ずっと**）働きつづけている。

He **has been working** for the company *for* three years.

　彼は3年間（**ずっと**）その会社に**勤めている**。

● "動作" にもさまざまなものがあることを、この3つの例から感じとりましょう。

NOTE

"状態を表す動詞（＝進行形にならない動詞）" は、ふつう現在完了進行形の文をつくることはありません。現在完了進行形になるのは "動作を表す動詞" です。

They **have known** each other for five years.

　彼らは5年間たがいを**知っている**（＝5年前から知り合いだ）。〈know は状態を表す動詞〉

Check! ☐127☐ ☐128☐

STEP 128

His music **is loved** all over the world. → STEP 109
彼の音楽は世界中で**愛されている**。

His music **has been loved** for many years.
彼の音楽は長年にわたって**愛されつづけている**。

上は、「愛されている」という"受け身"の意味を表す文です。動詞の部分は is loved となっています。
下の文では、動詞の部分が has been loved となっています。これで「愛されつづけている」という意味を表します。

POINT 1 受け身（be動詞＋過去分詞）の文も現在完了にすることができます。be動詞を have been にして、〈have been ＋過去分詞〉の形にします。

The work **has** *just* **been finished**.
その仕事はちょうど**いまおえられたところだ**。〈完了・結果〉

This project **has been supported** by many people.
このプロジェクトは（これまで）多くの人に**支えられてきた**。〈継続〉

His car **has been hit** *several times*.
彼の車は（これまでに）数回**ぶつけられた**。〈経験〉

●受け身の場合も、〈完了・結果〉〈継続〉〈経験〉の意味を表すことができます。

POINT 2 進行形や受け身の文だけでなく、be動詞を使った文は、be動詞を have been とすることによって、現在完了にすることができます。次のように、There is ～ の文も現在完了にすることができます。

There **has been** a problem with our website.
私たちのウェブサイトに問題が**発生している**。

There **have been** some earthquakes in the area.
その地域では（このところ）いくつか地震が**発生している**。

NOTE ....

be動詞には「ある」「いる」という意味もあり（→ STEP 81 ）、be動詞の現在完了をその意味で使うこともあります。

He **has been** in London before.
彼は以前ロンドンに**いたことがある**。〈経験〉

6 注意すべき現在完了

2・3年

STEP 129

I **have been** busy since last week. → STEP 123

私は先週から（**ずっと**）いそがしい。〈継続〉

I **have been to** Hawaii twice.

私は2回ハワイ**へ行ったことがある**。〈経験〉

上は、ふつうの be 動詞の現在完了です。been のあとに補語がきて、「（ずっと）〜である」という意味を表しています。
下も be 動詞の現在完了ですが、ここでは have been to Hawaii で「ハワイへ行ったことがある」という意味を表しています。

POINT 1 〈**have been (to 〜)**〉で、「（〜へ）行ったことがある」という〈経験〉の意味を表します。現在完了の慣用表現です。

Have you ever **been to** Hokkaido? — Yes, I have.
あなたはいままでに北海道**へ行ったことがあります**か。 — はい、あります。

How many times **have** you **been** there? — Only once.
あなたは何回そこ**へ行ったことがあります**か。 — 1回だけです。

POINT 2 〈**have been (to 〜)**〉で、「（〜へ）行ってきたところだ」という〈完了・結果〉の意味を表すこともあります。

I **have** just **been to** the hospital.
私はちょうどいま病院**へ行ってきたところです**。

Where **have** you **been**, John?
どこ**へ行ってきたのですか**、ジョン。

— I**'ve** just **been to** the post office.
ちょうどいま郵便局**へ行ってきたところです**。

NOTE

have been to 〜 ではなく have gone to 〜 とすると、「〜へ行ってしまった〔いま、ここにいない〕」という意味になります。

He **has gone to** New York.
彼はニューヨーク**へ行ってしまった**〔いま、ここにいない〕。〈完了・結果〉

●ただし、副詞などをともなって〈経験〉の意味を表すこともあります。

Have you *ever* **gone to** Nara?
あなたはいままでに奈良**へ行ったことがあります**か。

Check! [129] [130]

STEP **130**

I visited Kyoto **last month**. → STEP 21

私は**先月**京都を訪れた。

I have visited Kyoto **three times**.

私は（いままでに）**3回**京都を訪れたことがある。

上は、「先月訪れた」という過去の文です。「先月 (last month)」というように "時期" が特定されています。
下は、現在完了の〈経験〉を表す文です。訪れた回数 (three times) はのべていますが、訪れた "時期" を表すことばはありません。

POINT 1 現在完了の文では、過去の1時点や1期間を表す語句は使いません。次の過去の文で使われている語句は、どれも現在完了の文では使えないものです。

I *was* busy **yesterday**.

私は**きのう**いそがしかった。

We *went* out for dinner **last night**.

私たちは**きのうの夜**ディナーを食べに出かけた。

He *became* a teacher **two years ago**.

彼は**2年前に**先生になりました。

● yesterday や last night の前に since がつけば、「きのうからずっと」「昨夜からずっと」のような意味になり、現在完了の文でも使えます。

I *have been* busy **since yesterday**.

私は**きのうから**（ずっと）いそがしい。

POINT 2 疑問詞の **when**（いつ）も現在完了といっしょには使えません。時期や時点をたずねることになるからです。次の2つの文を比べてみましょう。

When *did* you *read* the book? — In my childhood.

あなたは**いつ**その本を読みましたか。── 子どものころです。

Have you *read* the book **yet**? — No, not yet.

あなたは**もう**その本を読んでしまいましたか。── いいえ、まだです。

NOTE

現在完了とは、過去を過去として（＝現在と切りはなされたものとして）のべる表現ではなく、過去と現在にまたがった表現です。そのことをもう1度確認しておきましょう。

ここでつまずかないように！

次の文のまちがいを見つけましょう。

1 I live here since 2010.
私は 2010 年からここに住んでいます。

日本語では「住んでいる」というように "現在" の文と変わらない表現になっていますが、「2010 年から」ということは、"過去から現在への継続" を意味しています。このような場合、英語では現在完了の〈継続〉用法の文にする必要があります。

▲上の文は正しくは
次のようになります ☞ I **have lived** here since 2010.

2 I've visited Kobe two years ago.
私は 2 年前に神戸を訪れた。

現在完了には、「〜したことがある」というように、〈経験〉を表す使い方があります。この〈経験〉の用法は、単なる過去のできごとではなく、"過去から現在のあいだの経験" を表す言い方です。ですから、「2 年前」のように、はっきりとした過去の 1 時点におけるできごとをいうときは、ふつうの "過去" の文にします。

▲上の文は正しくは
次のようになります ☞ I **visited** Kobe two years ago.

3 My mother has busy since this morning.
私の母はけさからいそがしい。

be動詞の文を現在完了にするとき、be動詞の過去分詞 been を忘れてしまう人がいます。特に be動詞のあとに形容詞がくるとき、このようなまちがいをおかしがちです。上のような例では、形容詞の busy をむりやり過去分詞にしようとして、busied などとしてしまう人もいます。be動詞の現在完了でも、〈have ＋過去分詞〉の形は変わりません。

▲上の文は正しくは
次のようになります ☞ My mother has **been** busy since this morning.

4 I have finished lunch yet.
私はお昼ごはんはもう食べてしまいました。

現在完了の〈完了・結果〉の用法でよく使う副詞 already と yet は、使い方と意味がまぎらわしいので、注意が必要です。「もう、すでに」の意味を "疑問文" で表すときは yet を使いますが、ふつうの文では already を使います。yet は "否定文" で使うときには「まだ」という意味になります。

▲上の文は正しくは
次のようになります ☞ I have **already** finished lunch.

疑問文では次のように yet を使います。
Have you finished lunch **yet**? あなたはもうお昼ごはんを食べてしまいましたか。

156

10

句で表す

STEP 131 〜 STEP 143

〈文のしくみ〉の章では、名詞・形容詞・副詞といった「単語」が、文の中でどのようなはたらきをするかを見ましたが、英語の文では"いくつかの単語のまとまり"が、全体で名詞・形容詞・副詞などのはたらきをすることがあります。

このような単語のまとまりを「句」といいます。さまざまな句を使えるようになると、単語だけで表すよりも、もっとゆたかな内容や複雑な内容を表現できるようになります。

1 名詞のはたらきをする句（1）不定詞

1・2年

STEP 131

I like **sports**.
私は**スポーツ**が好きです。

→ STEP 10

I like **to play tennis**.
私は**テニスをすること**が好きです。

上の文では、動詞 like（〜が好きだ）の目的語は sports（スポーツ）という"名詞"です。
下の文では、like の目的語は to play tennis です。この句が"名詞のはたらき"をして、「テニスをすること」という意味を表します。

POINT 1　〈to +動詞の原形〉を「不定詞」または「to 不定詞」といいます。不定詞は、"名詞のはたらき"をして、「〜すること」という意味を表すことがあります。不定詞は、しばしば"動詞の目的語"になります。

She loves **to read books**.
　彼女は**本を読むこと**（＝読書）が大好きです。

I want **to go to the movies**.
　私は**映画を見にいくこと**を欲する（＝見にいきたい）。

● to 以下がひとかたまりになって、loves や want の目的語になります。
　慣れてきたら、want to 〜で「〜したい」とおぼえましょう。

POINT 2　不定詞はいつも動詞の目的語になれるわけではありません。不定詞が目的語になれる動詞となれない動詞があります。なれる動詞には、ほかに次のようなものがあります。（くわしくは STEP 144〜145 を参照）

She **began to** keep a diary.
　彼女は日記をつける**ことをはじめた**（＝日記をつけはじめた）。

I **tried to** find the picture, but I couldn't.
　私はその写真を見つけ**ようとした**が、見つけられなかった。

● begin to 〜で「〜しはじめる」、try to 〜で「〜しようとする」とおぼえましょう。

NOTE..

be動詞も不定詞になることができます。to be 〜で「〜になること」「〜であること」という意味を表します。

I **want to be** a scientist.
　私は科学者**になりたい**。

158

Check! 131 132

STEP 132

The book is difficult. → STEP 9
その本はむずかしい。

To speak English is difficult.
英語を話すことはむずかしい。

上の文では、名詞の book（本）に冠詞の the（その）がついた The book が主語です。
下の文では、主語は To speak English です。この句が "名詞のはたらき" をして、「英語を話すこと」という意味を表します。

POINT 1 "名詞のはたらき" をする不定詞は、文の "主語" になったり "補語" になったりすることもあります。

To pass the exam is very difficult.
その試験に受かることはとてもむずかしい。

My dream is **to become a singer**.
私の夢は歌手になることです。

●不定詞は、上の文では主語に、下の文では補語になっています。

POINT 2 不定詞が文の "主語" になるとき、文頭に It をおいて、不定詞を後ろにおくことがよくあります。この It は、不定詞の内容を先どりする代名詞で、これを「形式主語」といいます。「それ」とは訳しません。

┌ **To solve the problem** was easy.
│　その問題を解くのはやさしかった。
└ **It** was easy **to solve the problem**.
　　その問題を解くのはやさしかった。〈It = to solve ～〉

●長い主語が文頭にくると、読みにくい文になります。
It is … to ～（～することは…だ）の形をおぼえて、
使えるようにしましょう。

N O T E
形式主語の It を使う文の中には、It のあとが be 動詞ではないものもあります。
It *takes* eight hours **to fly from Tokyo to Los Angeles**.
　東京からロサンゼルスへ飛行機で行くのに 8 時間かかる。〈It = to fly from ～〉
● take には「（時間を）必要とする、かかる」という意味があります。

159

2 名詞のはたらきをする句 (2) 動名詞

2 年

STEP 133

I like **music**.
私は**音楽**が好きです。

→ STEP 10

I like **playing the piano**.
私は**ピアノをひくこと**が好きです。

上の文では、動詞 like（～が好きだ）の目的語は music（音楽）という"名詞"です。
下の文では、like の目的語は playing the piano です。この句が"名詞のはたらき"をして、「ピアノをひくこと」という意味を表します。

POINT 1　動詞の語尾に -ing がついて"名詞のはたらき"をするようになったものを「動名詞」といい、「～すること」という意味を表します。動名詞は、しばしば"動詞の目的語"になります。

Stop **crying**.
泣くことをやめなさい（＝泣くのはやめなさい）。

●動名詞はこのように 1 語で使われることもありますが、しばしば後ろに語句がつきます。

They began **cleaning the room**.
彼らは**部屋をそうじすること**をはじめた（＝部屋をそうじしはじめた）。

She enjoyed **skiing in the mountains**.
彼女は**山でスキーをすること**を楽しんだ（＝山でスキーをして楽しんだ）。

●動名詞のつくり方は、進行形で使う ing 形のつくり方と同じです（→ STEP 31 ）。
なお、進行形で使う ing 形は「現在分詞」といいます。

POINT 2　動名詞はまた、不定詞と同じように、文の"主語"や"補語"になることもあります。

Swimming in this river is dangerous.
この川で泳ぐことは危険です。〈主語〉

His hobby is **playing video games**.
彼の趣味は**テレビゲームをすること**です。〈補語〉

● He **is playing a video game**. という文と比べてみましょう。
こちらは「彼はテレビゲームをしている」という現在進行形の文です。

NOTE
動名詞が目的語になれる動詞となれない動詞があります。→ STEP 144～145

Check! `133` `134`

STEP 134

He is good at **math**.
彼は**数学**が得意です。〈be good at ～：～が得意だ〉

➡ STEP 95

He is good at **speaking English**.
彼は**英語を話すこと**が得意です。

前置詞のあとにはふつう名詞や代名詞がきます。
上の文では、前置詞 at のあとに名詞の math（数学）がきています。
下の文では、at のあとに speaking English（英語を話すこと）と
いう句がきています。この speaking は動名詞です。

POINT 1 動名詞は "前置詞の目的語" になることもあります。次のように、前置詞でおわる熟語のあとに、しばしば動名詞が使われます。

He **is afraid of** mak**ing** mistakes.
　彼は**まちがえることをおそれている**。

be afraid of ～ing：～すること
をおそれる

Thank you for invit**ing** me.
　（私を）招待**してくれてありがとう**。

Thank you for ～ing：～してく
れてありがとう

How about go**ing** to the movies?
　映画を見にいき**ませんか**。

How about ～ing：～しませんか

I'm **looking forward to** see**ing** you.
　（私は）あなたにお会い**するのを楽しみにしています**。

look forward to ～ing：～する
のを楽しみに待つ〈to は前置詞〉

●前置詞のあとには不定詞はきません。

POINT 2 動名詞はまた、単独の前置詞のあとに使われることもあります。

She left **without saying good-bye**.
　彼女は**さよならを言うこともなく**（＝さよならも言わずに）去った。

He made money **by working at the store**.
　彼は**その店で働くことによって**（＝働いて）お金をかせいだ。

NOTE

be動詞も動名詞になることができます。being ～で「～であること」
という意味を表します。

I am proud of **being a student of this school**.
　私は**この学校の生徒であること**を誇（ほこ）りに思っている。

3 形容詞のはたらきをする句 (1) 分詞

STEP 135

Look at that **big** dog.   → STEP 13

あの**大きな**犬を見てごらん。

Look at that **barking** dog.

あの**ほえている**犬を見てごらん。

上の文では、形容詞の big (大きい) が、名詞の dog を修飾しています。下の文では、動詞 bark (ほえる) の ing 形が、名詞の dog を修飾しています。barking はここでは "形容詞のはたらき" をして、「ほえている」という意味を表しています。

POINT 1 動詞の現在分詞 (〜**ing**) は、"形容詞のはたらき" をして、名詞を修飾することがあります。"進行中の動作" を表し、「〜している…」という意味になります。

That **sleeping** baby is very cute.

あの**眠っている**赤ちゃんはとてもかわいい。

Do you know that **crying** child?

あなたはあの**泣いている**子どもを知っていますか。

● ing 形のつくり方については STEP 31 を参照。

POINT 2 過去分詞 (→ STEP 110) も、"形容詞のはたらき" をして、名詞を修飾することがあります。「〜された…」という "受け身" の意味を表すときと、「〜してしまった…」という "完了" の意味を表すときがあります。

The man was driving a **stolen** car.

その男は**ぬすまれた**車 (=盗難車) を運転していた。

The ground was full of **fallen** leaves.

地面は**落ちてしまった**葉 (=落ち葉) でいっぱいだった。

●自動詞は受け身になることはなく、自動詞の過去分詞は完了の意味を表します。

NOTE ....

excite (わくわくさせる) や surprise (おどろかす) のように、「〜させる、〜する」という意味の他動詞からできた〜ing の形の形容詞には、「(人を)〜させるような、〜するような」という意味があります。

That was an **exciting** movie.

それは**わくわくさせるような** (=わくわくする) 映画でした。

Check!　135　136

3 年

STEP 136

Look at that **barking** dog.

あの**ほえている**犬を見てごらん。

→ STEP 135

Look at that dog **barking at us**.

私たちに向かってほえているあの犬を見てごらん。

上の文では、現在分詞の barking（ほえている）が、名詞の dog を"前から"修飾しています。
下の文では、barking at us（私たちに向かってほえている）という句が、名詞の dog を"後ろから"修飾しています。

POINT 1
現在分詞の後ろに語句がついて、"句として"名詞を修飾するときは、後ろからの修飾になります。この場合も"進行中の動作"を表し、「～している…」という意味になります。

Do you know the <u>man</u> **standing at the corner**?

あなたは**角に立っている**男の人を知っていますか。

The girl **playing the piano** is my sister.

ピアノをひいている女の子は私の妹です。

●主語が長くなるときは、主語・動詞のつながりが
わかりにくくなるので気をつけましょう。

POINT 2
過去分詞の後ろに語句がついて、"句として"名詞を修飾するときも、後ろからの修飾になります。ふつう「～された…」という"受け身"の意味を表します。

He has a <u>watch</u> **made in Switzerland**.

彼は**スイスでつくられた**（＝スイス製の）うで時計をもっている。

That is a picture **painted by Picasso**.

あれは**ピカソによって描かれた**絵です。

NOTE

動作を表さない動詞（＝進行形にならない動詞）の現在分詞が名詞を修飾することもあります。このような場合、この現在分詞は"継続している状態"を表します。

I have an uncle **living in Hawaii**.

私には**ハワイに住んでいる**おじがいます。〈この living は進行中の動作ではない〉

163

4 形容詞のはたらきをする句 (2)　不定詞

STEP 137

There are many **beautiful** places in Kyoto. →STEP 13
京都には**美しい**場所がたくさんあります。

There are many places **to visit** in Kyoto.
京都には**訪れるべき**場所がたくさんあります。

上の文では、形容詞の beautiful（美しい）が、名詞の places（場所）を"前から"修飾しています。下の文では、to visit という句が、名詞の places を"後ろから"修飾しています。この to visit は「訪れるべき」という意味を表しています。

POINT 1 不定詞は、"形容詞のはたらき"をして、名詞を後ろから修飾することがあります。「～すべき…」「～するための…」などの意味を表します。

I have a lot of work **to finish**.

私には**おわらせなくてはならない**仕事がたくさんある。

Please give us something **to eat**.

私たちに何か**食べるための**もの（＝食べるもの）をください。

●不定詞中の動詞（finish や eat）のあとに目的語がないことに注目しましょう。目的語の役割をするのは、修飾される語（work や something）です。

POINT 2 次の不定詞も名詞を後ろから修飾しますが、前置詞のあとに目的語がないことに注目しましょう。

We have a lot of things **to talk about**.

私たちには**話すべき**こと（＝話すこと）がたくさんある。

They need a house **to live in**.

彼らは**住むための**家（＝住む家）を必要としている。

● talk about ～ も live in ～ も、それぞれひとまとまりで「～について話す」「～に住む」という意味を表します。
ですから、about や in は省略できません。

NOTE

次の不定詞も名詞を後ろから修飾しますが、前置詞 of のあとに目的語はありません。

She has three children **to take care of**.

彼女には**世話をしなくてはならない**3人の子どもがいます。

Check! 137 138

2年

STEP 138

He has a family **to support**.

→ STEP 137

彼には**養わなくてはならない**家族がいる。

He has a lot of friends **to support him**.

彼には**自分を支えてくれる**たくさんの友人がいる。

上の文では、to support という句（support のあとに目的語はない）が、family（家族）を後ろから修飾しています。
下の文では、to support him という句（support のあとに目的語の him がある）が、friends を後ろから修飾しています。

POINT 1　前回学習した形（＝動詞や前置詞の目的語がない形）以外の不定詞も、名詞を後ろから修飾することがあります。「〜する…、〜してくれる…」などの意味を表します。

We are looking for something **to make us happy**.

私たちは**自分を幸せにしてくれる**何か（＝もの）を探している。

There was no one **to take care of the child**.

その子どもの世話をする人はだれもいなかった。

●上の2つの例では、修飾される語句（something や no one）が、不定詞中の動詞（make や take）の"主語"の役割をしています。

POINT 2　不定詞の句が、名詞を後ろから修飾することによって、その名詞に"具体的な説明を加えるはたらき"をすることもあります。

It is time **to go to bed**.

もう寝る（ための）時間です。

Please give me a chance **to do it again**.

私に**もう1度それをやる**機会をください。

●修飾される語（time や chance）は、不定詞中の動詞（go や try）の"主語"の役割もしていませんし、"目的語"の役割もしていません。

NOTE

ここでは「修飾する不定詞」と「修飾される語句」の関係に注目して修飾のしかたを見てきましたが、いったん理解してしまったら、この分類にこだわる必要はありません。

165

5 形容詞のはたらきをする句 (3) 前置詞

STEP 139

That **tall** girl is my cousin. → STEP 13
あの**背の高い**女の子は私のいとこです。

That girl **with long hair** is my cousin.
あの**長い髪(かみ)をもつ**女の子（＝長い髪の女の子）は私のいとこです。

上の文では、形容詞の tall（背の高い）が、名詞の girl（女の子）を"前から"修飾しています。
下の文では、with long hair（長い髪をもつ）という句が、girl を"後ろから"修飾しています。

POINT 1 〈前置詞＋名詞〉の句は、"形容詞のはたらき"をして、名詞を後ろから修飾することがあります。意味は前置詞によってさまざまです。

The book **on the desk** is mine.
つくえの上の本は私の（本）です。

The people **in that town** were very friendly.
あの町の人びとはとても親切でした。

●〈前置詞＋名詞〉の名詞には、冠詞をはじめとして、いろいろな修飾語句がつきます。なお、前置詞のはたらきについては P.186を参照。

POINT 2 前置詞の of 〜（〜の）や with 〜（〜をもっている）も、よく形容詞句（＝形容詞のはたらきをする句）をつくります。

Who is the leader **of your group**?
あなたのグループのリーダーはだれですか。

The top **of the mountain** was covered with snow.
その山の頂上は雪でおおわれていた。

That house **with the red roof** is mine.
あの**赤い屋根をもつ**家（＝赤い屋根の家）が私の家です。

NOTE
一般的に言って、"句"が名詞を修飾するときは、後ろからの修飾になります。形容詞でも、次のように句として名詞を修飾するときは、ふつう後ろからの修飾になります。

I have an opinion **different from yours**.
私は**あなたの（意見）とはちがう**意見をもっています。

166

いろいろな後置修飾

英語では、日本語とちがって、名詞を後ろから修飾することがよくあります。この後ろからの修飾に慣れることは、英語学習においてきわめて重要です。ここで、いままで見てきた後置修飾のまとめをしておきましょう。

①現在分詞・過去分詞（修飾語句がつくとき）

The woman **sitting on the sofa** is Emi's mother.

ソファーにすわっている女の人はエミの母親です。

He bought a car **made in France**.

彼は**フランスでつくられた**（＝フランス製の）自動車を買った。

②不定詞

I didn't have time **to visit the museum**.

私には**その博物館を訪れる**（ための）時間がなかった。

Give me something **to drink**.

何か**飲み**物をください。

③前置詞の句

The bag **on the table** is Kate's.

テーブルの上のバッグはケイトのです。

He is the principal **of our school**.

彼は**私たちの学校の**校長先生です。

上にあげたような後ろからの修飾に慣れておくことは、「関係代名詞」を習うための準備にもなります。関係代名詞も名詞を後ろから修飾するときに使うからです。（くわしくは第14章参照）

④関係代名詞

The man **who wrote this book** is a doctor.

この本を書いた人は医者です。

The movie **(which) I saw yesterday** was very interesting.

私がきのう見た映画はとてもおもしろかった。〈このwhichはしばしば省略される〉

NOTE

後置修飾をマスターすると、形容詞だけでは言い表せない、いろいろな形容ができるようになり、表現力がゆたかになります。また、読解力もつきます。

He lives **here**.

→ STEP 15

彼は**ここに**住んでいます。

He lives **in this town**.

彼は**この町に**住んでいます。

上の文では、副詞の here（ここに）が、動詞の lives（住んでいる）を修飾しています。
下の文では、in this town（この町に）という句が"副詞のはたらき"をして、動詞の lives を修飾しています。

POINT 1 〈前置詞＋名詞〉の句は、"副詞のはたらき"をして、動詞や形容詞などを修飾することがあります。意味は前置詞によってさまざまです。

We sat **on the bench**.
　私たちは**ベンチに**すわりました。
She played tennis **with Mike**.
　彼女は**マイクと**テニスをしました。
We live **near the beach**.
　私たちは**海辺の近くに**住んでいます。
She was kind **to the children**.
　彼女は**その子どもたちに対して**親切でした。
● to the children は形容詞の kind を修飾しています。

POINT 2 〈前置詞＋名詞〉の形の副詞句（＝副詞のはたらきをする句）を2つ以上連ねて使うこともよくあります。また、2つ連なった形が熟語になることもあります。

He stayed **in Rome for three months**.
　彼は**ローマに3か月間**滞在した。
We walked **from the station to the park**.
　私たちは**駅からその公園まで**歩いた。〈from A to B：AからBまで〉

NOTE

いくつかの語が集まって1つの前置詞のようなはたらきをするものもあります。→ STEP 158
We took a picture **in front of** the church.
　私たちはその教会**の前で**写真を撮った。〈in front of ～：～の前で〉

Check! `140` `141`

STEP **141**

He left **at seven**.

彼は**7時に**出発した。

➡ STEP 140

He left **at once**.

彼は**すぐに**出発した。〈at once : すぐに〉

上の文の at seven（7時に）は、前回学習した〈前置詞＋名詞〉の形のふつうの副詞句です。
下の文の at once は、形は同じ〈前置詞＋名詞〉ですが、熟語になっていて、「すぐに」という意味を表します。

POINT 1 "副詞のはたらき"をする〈前置詞＋名詞〉の句が、熟語になることもあります。ここで、そのいくつかを見てみましょう。

The train arrived **on time**.
　電車は**時間どおりに**到着した。

on time : 時間どおりに

I didn't like him **at first**.
　私は**初めは**彼が好きではなかった。

at first : 初めは

She is not **at home** now.
　彼女はいま**家に**いません。

at home : 家に

We played tennis **after school**.
　私たちは**放課後に**テニスをした。

after school : 放課後に

She did it **by herself**.
　彼女はそれを**ひとりで**やった。

by ～self : ひとりで、独力で

POINT 2 〈前置詞＋名詞〉ではなく、〈動詞＋前置詞〉の形で熟語をつくることもあります。 ➡ STEP 94

I'm **look**ing **for** my bag.
　私は自分のバッグを**探して**います。〈look for ～ : ～を探す〉

● for my bag（私のバッグを）は副詞句ですが、for は動詞 look とむすびついて「～を探す」という意味の熟語になっています。

NOTE

おぼえておいたほうがよい熟語として、ほかに次のようなものがあります。

at least（少なくとも）, at last（ついに）, by chance（ぐうぜんに）
for example（たとえば）, of course（もちろん）, in time（間に合って）

7 副詞のはたらきをする句 (2)　不定詞

2年

STEP 142

I went to the store **alone**.　→ STEP 15
私は**ひとりで**その店へ行った。

I went to the store **to buy a camera**.
私は**カメラを買うために**（＝買いに）その店へ行った。

 上の文では、副詞の alone（ひとりで）が、動詞の went（行った）を修飾しています。
下の文では、to buy a camera（カメラを買うために）という句が"副詞のはたらき"をして、動詞の went を修飾しています。

POINT 1 不定詞は、"副詞のはたらき"をして、「〜するために」という"目的"の意味を表すことがあります。

She came **to see me**.
　彼女は**私に会うために**（＝会いに）来た。
He studied hard **to pass the exam**.
　彼は**試験に合格するために**一生けんめい勉強した。
I got up early **to catch the first train**.
　私は**始発電車に間に合うように**早く起きた。

●不定詞のさまざまな用法の中で、いちばん多く使われる用法です。

POINT 2 "副詞のはたらき"をする不定詞は、感情を表す形容詞のあとにきて、"感情の原因・理由"を表すこともあります。「〜して」という意味を表します。

I'm glad **to meet you**.
　私は**あなたとお会いできて**うれしい。
We were sorry **to hear the news**.
　私たちは**その知らせを聞いて**残念でした。
She was surprised **to know the truth**.
　彼女は**本当のことを知って**おどろいた。

NOTE

"副詞のはたらき"をする不定詞は、「（…して）〜になる」というように、"結果"を表すこともあります。

He grew up **to be a nice young man**.
　彼は成長して**すてきな若者になった**。

Check! 142 143

STEP 143

I'm **very** sleepy.

私は**とても**眠(ねむ)い。

→ STEP 16

I'm **too** sleepy **to study**.

私は**勉強するにはあまりにも眠い**（＝眠すぎて勉強できない）。

上の文では、副詞の very（とても）が、形容詞の sleepy（眠い）を修飾しています。
下の文では、副詞の too（あまりにも）と to study（勉強するには）という句がセットになって、形容詞の sleepy を修飾しています。

POINT 1 〈too … to ～〉は不定詞を使った重要な熟語です。「～するにはあまりにも…」「（あまりにも）…すぎて～できない」という意味を表します。

This book is **too** difficult **to read**.

　この本はむずかし**すぎて読めない**。

He was **too** tired **to walk home**.

　彼はつかれ**すぎていて、家まで歩いて帰ることができなかった**。

●上の文は次のように書きかえられます。 → STEP 166

He was **so** tired **that** he couldn't walk home.

　彼は**とても**つかれていた**ので**、家まで歩いて帰ることができなかった。

POINT 2 副詞の enough（十分に）と不定詞をセットにした〈… enough to ～〉という熟語もあります。「～するのに十分なほど…」「（十分に）…なので～できる」という意味を表します。

He is rich **enough to buy a yacht**.

　彼は**ヨットを買えるほどの**金持ちです。

She was kind **enough to help me**.

　彼女は親切**にも私を手伝ってくれました**。

●訳す必要がある場合は、場面に合わせて自然な日本語にしましょう。

NOTE

形容詞の enough（十分な）と不定詞がセットになることもありますが、その場合は〈enough＋名詞＋ to ～〉の形になります。

He has **enough** money **to buy a private jet**.

　彼は**自家用ジェット機を買えるほどの**お金をもっている。

171

読解力をつけよう！

次の文の日本語訳を完成させましょう。

1 My dream is to go to Paris to study painting.
日本語訳：私の夢は _____ です。

読解力をつけるうえで、句で表される意味を読みとれるようになることはとてもたいせつです。上の文にも２つの重要な句があります。to go 〜 は名詞のはたらきをする不定詞で、「〜行くこと」という意味を表します。to study 〜 は "目的" を表す副詞的用法の不定詞で、「〜を勉強するために」という意味を表します。

▲上の文の日本語訳は
次のようになります ☞ 私の夢は**絵の勉強をしにパリへ行くこと**です。

2 There are some pictures painted by Picasso in the museum.
日本語訳：その美術館には _____ 絵がいくつかあります。

この painted は、形容詞のはたらきをする過去分詞です。painted by 〜 で、「〜によって描かれた」という意味を表し、pictures を "後ろから" 修飾しています。by Picasso（ピカソによって）と in the museum（その美術館には）は、どちらも副詞のはたらきをする前置詞の句です。

▲上の文の日本語訳は
次のようになります ☞ その美術館には**ピカソによって描かれた**（＝ピカソの描いた）絵
がいくつかあります。

3 I am happy to have a chance to visit Australia.
日本語訳：私は _____ 機会を _____ うれしい。

happy のあとの to have 〜 は "感情の原因" を表す副詞的用法の不定詞で、「〜をもつことができて」という意味を表します。もう１つの不定詞 to visit 〜 は chance を修飾する形容詞的用法で、「オーストラリアを訪れる（機会）」という意味を表します。

▲上の文の日本語訳は
次のようになります ☞ 私は**オーストラリアを訪れる**機会を**もつことができて**うれしい。

4 It is hard to live in a big city after living in the country.
日本語訳：いなかに _____ 大都市に _____ はむずかしい。

to live 〜 は名詞のはたらきをする不定詞で、「〜住むこと」という意味を表します。この文の主語は形式的には It ですが、その It の具体的な内容は、この to 以下に示されています。It ＝ to live 〜 です。living 〜 は前置詞のあとにくる動名詞で、after living 〜 で「〜住んだあとで」という意味を表します。

▲上の文の日本語訳は
次のようになります ☞ いなかに**住んだあとで**大都市に**住むこと**はむずかしい。

11

不定詞と動名詞と分詞

STEP 144 ～ STEP 151

〈句で表す〉の章では、句（いくつかの単語のまとまり）が
文の中で"どのようなはたらき"をするか、という観点から、
さまざまな句について見てきました。
ここでは、そうした句をつくるときに重要なはたらきをす
る「不定詞」「動名詞」「分詞（現在分詞・過去分詞）」につ
いて、使い方の整理と復習をし、さらに、いくつかの注意
すべき点や、新たな用法について学習します。

1 不定詞と動名詞と分詞　まとめ

不定詞の３つの用法

①名詞的用法 | 不定詞は**名詞のはたらき**をして、動詞の目的語になったり、主語や補語になったりします。意味は「〜すること」。 → STEP 131~132

I like **to play tennis**.
　私は**テニスをすること**が好きです。〈動詞の目的語〉

To speak English is difficult.
　英語を話すことはむずかしい。〈主語〉

My dream is **to become an actor**.
　私の夢は**俳優になること**です。〈補語〉

②形容詞的用法 | 不定詞は**形容詞のはたらき**をして、名詞を後ろから修飾します。意味は、「〜すべき…」「〜するための…」。 → STEP 137~138

I have a lot of homework **to do**.
　私には**やらなくてはならない**宿題がたくさんある。

I want something **to drink**.
　私は何か**飲むための**もの（＝飲み物）がほしい。

③副詞的用法 | 不定詞は**副詞のはたらき**をします。「〜するために」（目的）、「〜して」（感情の原因）などの意味を表します。 → STEP 142~143

He came to the airport **to greet us**.
　彼は**私たちをむかえるために**空港へ来てくれた。〈目的を表す〉

I'm happy **to see you again**.
　私は**あなたにまた会えて**うれしい。〈感情の原因を表す〉

POINT 1　〈to ＋動詞の原形〉という形は同じでも、いろいろな用法があるので注意しましょう。どの用法かは、前後の関係から判断します。

She began **to study art**.
　彼女は**美術を勉強すること**（＝美術の勉強）をはじめた。

He went to Paris **to study art**.
　彼は**美術を勉強するために**パリへ行った。

● 上の文の不定詞は "動詞の目的語" となる名詞的用法。
　下の文の不定詞は "目的" を表す副詞的用法。

NOTE

形式主語の It を文頭におく言い方もあります。It ＝不定詞。 → STEP 132

It wasn't easy **to climb the mountain**.
　その山にのぼるのはかんたんではなかった。

動名詞の用法

動名詞 ┃ 動詞の語尾に -ing がついた形で、**名詞のはたらき**をします。主語や補語になったり、動詞や前置詞の目的語になったりします。意味は「～すること」。➡ STEP 133～134

Playing the guitar is fun.

ギターをひくことは楽しい。〈主語〉

He stopped **watching TV** and went to his room.

彼は**テレビを見ること**をやめて、自分の部屋へ行った。〈動詞の目的語〉

She went out without **saying a word**.

彼女は**ひとことも言うことなく**（＝言わずに）出ていった。〈前置詞の目的語〉

現在分詞・過去分詞の用法

①現在分詞 ┃ 動詞の語尾に -ing がついた形で、**名詞を修飾する**ことがあります。１語で使うときは前から修飾し、あとに語句がつづくときは後ろから修飾します。意味は「～している…」。➡ STEP 135～136

That **sleeping** baby is very cute.

あの**眠(ねむ)っている**赤ちゃんはとてもかわいい。

The girl **looking at us** is my sister.

私たちを見ている女の子は私の妹です。

②過去分詞 ┃ **名詞を修飾する**ことがあります。１語で使うときは前から修飾し、後ろに語句がつづくときは後ろから修飾します。意味は「～された…」（受け身）または「～してしまった…」（完了）。➡ STEP 135～136

Do you like **boiled** eggs?

あなたは**ゆでられた**たまご（＝ゆでたまご）が好きですか。

She bought a dress **made in Italy**.

彼女は**イタリアでつくられた**（＝イタリア製の）服を買った。

NOTE..

現在分詞は、ほかに"進行形"の文でも使われます。➡ STEP 31～34
過去分詞は、ほかに"受け身"や"現在完了"の文でも使われます。➡ STEP 109～130

He **is studying** in his room.

彼は自分の部屋で**勉強している**。〈進行形：be動詞＋現在分詞〉

This room **is cleaned** every day.

この部屋は毎日**そうじされる**。〈受け身：be動詞＋過去分詞〉

I **have lived** here since 2010.

私は 2010 年から（**ずっと**）ここに**住んでいる**。〈現在完了：have＋過去分詞〉

2 不定詞と動名詞の使い分け

2 年

STEP 144

I **like to play** tennis.
私はテニスを**することが好きです**。

→ STEP 131

I **like playing** tennis.
私はテニスを**することが好きです**。

→ STEP 133

動詞の like は、不定詞（名詞的用法）・動名詞どちらも目的語にすることができます。上の文では、to play tennis（不定詞の句）が、下の文では、playing tennis（動名詞の句）が目的語になっています。2つの文の意味はほぼ同じです。

POINT 1　動詞の中には、名詞・代名詞のほかに、不定詞や動名詞を目的語にできる動詞があります。不定詞・動名詞どちらも目的語にできる動詞としては、**like** のほかに次のようなものがあります。

He **began to work** hard.
He **began working** hard.
　彼は一生けんめい**働きはじめた**。

She **continued to dance** with him.
She **continued dancing** with him.
　彼女は彼と**ダンスをしつづけた**。

POINT 2　不定詞・動名詞どちらも目的語にできる動詞の中には、目的語が不定詞か動名詞かで、意味がちがってくるものもあります。

She **tried to write** a poem.
　彼女は詩を**書こうと**（**努力**）**した**。

She **tried writing** a poem.
　彼女は（**ためしに**）詩を**書いてみた**。

Don't **forget to meet** him.
　彼に**会うことを忘れ**ないで（＝忘れずに会いなさい）。

I'll never **forget meeting** him.
　私は彼に**会ったことを**けっして**忘れ**ないでしょう。

try to 〜：〜しようとする、努力する	
try 〜ing：ためしに〜してみる	
forget to 〜：〜することを忘れる	
forget 〜ing：〜したことを忘れる	

NOTE

不定詞・動名詞どちらも目的語にできる動詞には、ほかに start（〜しはじめる）や love（〜することが大好きだ）などがあります。⇒ P.184

Check! 144 145

2 年

STEP **145**

I **want to read** the book. ➡ STEP 131

私はその本を**読みたい**。〈want to ～：～したい〉

I **finished reading** the book. ➡ STEP 133

私はその本を**読みおえた**。〈finish ～ing：～しおえる〉

上の文では、動詞 want の目的語は to read the book（不定詞の句）
です。want（望む）は動名詞を目的語にすることはできません。
下の文では、動詞 finish の目的語は reading the book（動名詞の句）
です。finish（おえる）は不定詞を目的語にすることはできません。

POINT 1 不定詞と動名詞のどちらか一方しか目的語にできない動詞もあります。
不定詞しか目的語にできない動詞には、次のようなものがあります。

I **hope to** see you again. | hope to ～：～することを望む
またお会い**したいと思います**。

I **wish to** attend the party. | wish to ～：～したいと思う
私はそのパーティーに出席**したいです**。

He **promised to** study harder. | promise to ～：～すると約束する
彼はもっと一生けんめい勉強**すると約束した**。

She **decided to** marry him. | decide to ～：～しようと決心する
彼女は彼と結婚**しようと決心した**。

POINT 2 動名詞しか目的語にできない動詞には、次のようなものがあります。

We **enjoyed** tak**ing** a walk. | enjoy ～ing：～することを楽しむ
私たちは散歩する**ことを**（＝散歩をして）**楽しんだ**。

She **stopped** talk**ing** with him. | stop ～ing：～することをやめる
彼女は彼と話す**ことをやめた**（＝話すのを中断した）。

●ほかに、finish（～をおえる）も動名詞だけを目的語にします。

NOTE

次の文の不定詞は"目的"（～するために）を表す副詞的
用法です。動詞（stopped）の目的語ではありません。

She stopped **to talk with him**.
彼女は**彼と話をするために**立ちどまった。

177

3 注意すべき不定詞の用法

2・3年

STEP 146

It is difficult **to read this book.**

→ STEP 132

この本を読むのはむずかしい。

It is difficult **for children to read this book.**

子どもが（＝子どもには）この本を読むのはむずかしい。

上の文は、「（一般的に言って）この本を読むこと」は「むずかしい」
と言っています。文頭の It は to read ～ をさしています。
下の文は、「子どもがこの本を読むこと」は「むずかしい」と言ってい
ます。この文では、「読む」のは「子ども」です。

POINT 1 名詞的用法の不定詞の前に〈for …〉をつけて、不定詞の"動作主"を
表すことがあります。この動作主のことを不定詞の「意味上の主語」と
いいます。〈for … to ～〉で「…が～すること」の意味になります。

It was easy **for him to solve the problem.**

彼が（＝彼には）その問題を解くのはかんたんでした。

It is important **for us to know the truth.**

私たちが（＝私たちには）真実を知ることが重要です。

●なお、意味上の主語をつけるのは、動作主を"特定"する必要
があるときだけで、その必要がない場合はつけません。

POINT 2 名詞的用法の不定詞だけでなく、副詞的用法の不定詞にも、〈for …〉
の形の意味上の主語をつけることがあります。

The bag was too heavy **for her to carry.**

そのバッグは彼女が運ぶには重すぎた（＝重すぎて彼女には運べなかった）。

The test was easy enough **for everyone to pass.**

その試験はだれでも合格できるほど（十分に）やさしかった。

NOTE

このほか、形容詞的用法の不定詞にも意味上の主語をつけることがあります。

That was a good chance **for her to become a singer.**

それは彼女が歌手になるいい機会でした。

She brought something **for the dog to eat.**

彼女はその犬が食べる（＝その犬に食べさせる）ものをもってきた。

Check! 146 147

STEP 147

I don't know **his name**. ➡ STEP 4

私は**彼の名前**を知らない。

I don't know **what to say**.

私は**何を言えばいいのか**わからない。

上の文では、動詞 know（知る）の目的語は his name（彼の名前）です。下の文では、what to say という句が"名詞のはたらき"をして、know の目的語になっています。what to say で「何を言えばいいのか」という意味を表します。

POINT 1　〈**what to ～**〉で「何を～すればいいか」という意味を表します。同じように、〈**how to ～**〉で「どうやって～すればいいか」「～のしかた」という意味を表します。

We discussed **what to do next**.

私たちは**次に何をしたらいいか**話し合った。

Do you know **how to use chopsticks**?

あなたは**どうやってはしを使えばいいか**（＝**はしの使い方**）を知っていますか。

●この形の句は、"名詞のはたらき"をして、しばしば動詞の目的語になります。

POINT 2　〈**疑問詞＋不定詞**〉の形の句は、疑問詞を変えることによって、いろいろな意味を表すことができます。なお、**why** にはこの形はありません。

You have to decide **which to buy**.

あなたは**どちらを買うか**決めなければならない。

We asked him **where to go**.

私たちは彼に**どこへ行けばいいのか**たずねた。

Please tell me **when to start**.

いつ出発したらいいのか（私に）教えてください。

which to ～：どちらを～すればいいのか
where to ～：どこへ〔どこで〕～すればいいのか
when to ～：いつ～すればいいのか

●このように、〈疑問詞＋不定詞〉の句は〈主語＋動詞＋間接目的語＋直接目的語〉の文の直接目的語にもなります。

NOTE

what と which は、後ろに名詞がきて、〈what ＋名詞＋ to ～〉〈which ＋名詞＋ to ～〉の形をとることもあります。

Please tell me **which way to go**. **どちらの道を行けばいいのか**教えてください。

179

4 〈主語＋動詞＋目的語＋ to 〜〉の文

STEP 148

> I **want to pass** the exam.
> 私はその試験に**合格したい**。
>
> → STEP 131

> I **want you to pass** the exam.
> 私は**あなたに**その試験に**合格してもらいたい**。

上の文の want to 〜 は「〜したい」の意味です。
下の文では、want と to のあいだに you があります。これだと、「あなたに〜してほしい」という意味になります。
"試験に合格する"のは "私" ではなく "あなた" になるわけです。

POINT 1　want, tell, ask などの動詞のあとに〈人＋不定詞〉がくる言い方があります。「人」は目的語なので、代名詞のときは目的格にします。

I **want Mary to** come to the party.
　私は**メアリーに**パーティーに来**てもらいたい**。

She **told me to** close the door.
　彼女は**私に**ドアを閉める**ようにと言った**。

He **asked her to** play the piano.
　彼は**彼女に**ピアノをひい**てくださいと頼んだ**。

want ＋人＋ to 〜：人に〜してもらいたい
tell ＋人＋ to 〜：人に〜するように言う
ask ＋人＋ to 〜：人に〜してくださいと頼む

●この形の文では、目的語（人）が不定詞（to 〜）の "動作主" になります。

POINT 2　〈主語＋動詞＋目的語＋ to 〜〉の文をつくる動詞は、ほかにもたくさんあります。それらの多くは、人を "行動へと向かわせる" 意味をもつ動詞です。少しずつおぼえるようにしましょう。

She **advised me to** read the book.
　彼女は**私に**その本を読む**ようにと助言した**（＝勧めた）。

We **encouraged him to** take the test.
　私たちはそのテストを受ける**ようにと彼をはげました**。

They **persuaded him to** tell the truth.
　彼らは**彼を説得して**本当のことを言わ**せた**。

NOTE

次のような動詞もこの形の文をつくります。

My father **allowed me to** travel alone.
　父は**私が**ひとりで旅行する**ことを許してくれた**。

Check! [148] [149]

STEP 149

She **told me to** go there.
彼女は**私に**そこへ行く**ようにと言った**。

→ STEP 148

She **told me not to** go there.
彼女は**私に**そこへ行く**なと言った**。

上の文では、told me to ～ が「私に～するように言った」という意味を表しています。下の文では、to ～ の前に not がおかれています。これによって不定詞が否定の意味を表すようになり、「私に～するなと言った」という意味になります。

POINT 1 〈主語＋動詞＋目的語＋ to ～〉の文では、不定詞を"否定形"にすることがあります。不定詞を否定形にするときは、to の前に not をおいて〈not to ～〉の形にします。

He **told her not to** worry about it.
彼は**彼女に**それについては心配する**なと言った**。
She **asked him not to** walk so fast.
彼女は**彼に**そんなに速く歩か**ないでと頼んだ**。
We **advised her not to** believe him.
私たちは**彼女に**彼を信じ**ないようにと忠告した**。

POINT 2 〈主語＋動詞＋目的語＋ to ～〉の文をつくる動詞は、受け身になることもあります。〈be動詞＋過去分詞＋ to ～〉の形になります。

He **was told to** work harder.
彼はもっと熱心に働く**ようにと言われた**。
She **was asked to** give a speech at the party.
彼女はそのパーティーでスピーチをして**くださいと頼まれた**。
We **are not allowed to** enter this room.
私たちはこの部屋に入る**ことを許されていない**。

NOTE
不定詞の否定形（not to ～）は、不定詞のほかの用法でも使われることがあります。次の不定詞は名詞的用法です。
He **tried not to** hurt her feelings.
彼は彼女の気持ちを傷つけ**ないように努力した**。

5 〈主語＋動詞＋目的語＋原形〉の文

3 年

STEP 150

I **told him to go** to the hospital.　➡ STEP 148
私は**彼に**病院へ**行くように言った**。

I **made him go** to the hospital.
私は**彼を**病院へ**行かせた**。

上の文では、told him（動詞＋目的語）のあとに、to go（不定詞）
がきて、「彼に行くように言った」の意味を表しています。
下の文では、made him（動詞＋目的語）のあとに、go（動詞の原形）
がきて、「彼を行かせた」の意味を表しています。

POINT 1　〈主語＋動詞＋目的語（人）〉のあとに、不定詞ではなく「動詞の原形」が
くることがあります。このような形の文をつくる動詞の代表的なものに
make（人に〔を〕～させる）があります。

They **made us stand** up.
彼らは**私たちを立ち上がらせた**。

●この make は「（相手の意志にかかわりなく）～させる」というときに使います。

The movie **made him cry**.
その映画は**彼を泣かせた**（＝その映画を見て彼は泣いた）。

●この形の文では、事物が主語になって、「（人に）～させる」
という意味を表すこともあります。

POINT 2　この形の文をつくる重要な動詞に **let** があります。人（や事物）が"何
かをしようとする"のを、そのまま「させてあげる」「させる」という
ときに使います。

His parents **let him keep** the dog.
彼の両親は**彼に**その犬を**飼わせてあげた**。〈この let は過去形〉

Let me sing another song.
（**私に**）もう1曲**歌わせてください**。

NOTE ....

この let を使った定型表現に Let's ～ があります（➡ STEP 84 ）。Let's は Let us の短縮形
です。これで「～しましょう」という意味を表します。

Let's sing another song.
もう1曲**歌いましょう**。〈対話の相手も us の中にふくまれている〉

Check! 150 151

3 年

STEP 151

I **made him sign** the paper.　　　　　　　　➡ STEP 150

私は**彼に**その書類に**署名させた**。

I **saw him sign** the paper.

私は**彼が**その書類に**署名するのを見た**。

上の文の動詞 made は、人（him）に「ある行動（sign）をさせた」
という意味を表しています。
下の文の動詞 saw は、人（him）が「ある行動（sign）をするのを見た」
という意味を表しています。

POINT 1　**see, hear** などの知覚を表す動詞は、あとに〈目的語＋動詞の原形〉
がきて、「…が〜するのを見る〔聞く〕」などの意味を表すことがあります。

I **saw him get** on the train.

　私は**彼が**電車に**乗るのを見た**。

We **heard the girl play** the piano.

　私たちは**その少女が**ピアノを**ひくのを聞いた**。

I **felt something touch** my shoulder.

　私は**何かが**肩(かた)に**ふれるのを感じた**。

●知覚を表す動詞は、あとに〈目的語＋〜ing〉や〈目的語＋過去分詞〉
　がくる形もありますが、これについては STEP 191 で学習します。

POINT 2　〈主語＋動詞＋目的語＋原形〉の文をつくる動詞には、ほかに **help**（…
が〜するのを助ける、手伝う）があります。なお、**help** の場合、目的
語のあとに不定詞（**to** 〜）が用いられることもあります。

He **helped me finish** the job.

　彼は**私が**その仕事を**おわらせるのを手伝ってくれた**。

That experience **helped me write** this book.

　その経験は**私が**この本を**書くのに役立った**（＝その経験のおかげでこの本を書けた）。

●この形の文をつくる動詞には、ほかに have（…を〜させる、…に〜してもらう）もあり
　ますが、これについては STEP 192 で学習します。

NOTE ....

この形の文では、目的語のあとにくる動詞は、人称や数などに影響(えいきょう)を受けず、つねに原形
です。これを「原形不定詞」と呼ぶこともあります。なお、本書では "to のついた不定詞"
を「不定詞」と表記しています。

ここでつまずかないように！

次の文のまちがいを見つけましょう。

1 We asked her sing the song for us.
私たちは彼女に、私たちのためにその歌をうたってくださいと頼（たの）んだ。

表現力を高めていくうえで、不定詞はとても重要です。前の章で習った名詞的用法、形容詞的用法、副詞的用法のほか、特定の動詞とむすびついた言い方もあります。上の文のように、「人に何かをしてくださいと頼む」というときには、〈ask ＋人＋ to ～〉の形で表します。「人」のあとに不定詞がくることに注目しましょう。

▲上の文は正しくは
次のようになります ☞ We asked her **to** sing the song for us.

2 They enjoyed to swim in the river last Sunday.
彼らはこの前の日曜日、川で泳ぐことを楽しんだ（＝川で泳いで楽しんだ）。

上の文で使われている動詞 enjoy は、名詞・代名詞のほかに動名詞を目的語にすることもできます。しかし、不定詞は目的語になれません。このように、動名詞や不定詞が目的語になれるかどうかは、動詞によって決まっているので注意が必要です。

▲上の文は正しくは
次のようになります ☞ They enjoyed **swimming** in the river last Sunday.

●動詞の目的語になる不定詞と動名詞について、まとめをしておきましょう。

不定詞・動名詞 どちらも目的語になる	begin（～しはじめる）, start（～しはじめる）, like（～することが好きだ）, love（～することが大好きだ）など
不定詞だけが目的語になる	want to ～（～したい）, wish to ～（～したいと思う）, hope to ～（～することを望む）, plan to ～（～することを計画する）, decide to ～（～しようと決心する）など
動名詞だけが目的語になる	enjoy ～ing（～することを楽しむ）, finish ～ing（～しおえる）, stop ～ing（することをやめる）, mind ～ing（～することを気にする）など
不定詞・動名詞どちらも目的語になるが、意味がちがう	try to ～（～しようと努力する）/ try ～ing（ためしに～してみる）, forget to ～（～することを忘れる）/ forget ～ing（～したことを忘れる）, remember to ～（忘れずに～する）/ remember ～ing（～したことをおぼえている）など

右のような言い方もおぼえておきましょう。ただし、この ～ing は動名詞ではなく現在分詞です。

go ～ing：～しに行く
keep ～ing：～しつづける

Let's **go** shop**ping**. 買い物をしに行きましょう。〈shop は「買い物をする」の意味の動詞〉
He **kept** wai**ting** for her. 彼は彼女を待ちつづけた。

12

前置詞

STEP 152 ～ **STEP 158**

〈文型と句〉や〈句で表す〉の章では、前置詞のつくる句が
文の中で"どのようなはたらき"をするかを見てきました。
この章ではまず、それらについて整理と復習をします。
そのうえで、個々の前置詞について、意味や用法のちがいを
確認しながら、使い分けや注意点について学習していきます。
前置詞そのものは、文の主要素になる単語ではありませんが、
表現の幅を広げるためには、とてもたいせつな要素です。

1 前置詞のはたらきと意味

前置詞のはたらき

前置詞は、ほかの語とセットにして、"かたまり" として意味や用法をつかむことがたいせつです。おもな "かたまり" として、次のようなものがあります。

① 〈前置詞＋名詞〉：副詞のはたらきをします。 → STEP 140〜141

I met her **at the station**.
　　私は**駅で**彼女に会った。
We went **to Hakone by car**.
　　私たちは**車で**箱根へ行った。

② 〈前置詞＋名詞〉：形容詞のはたらきをして、名詞を後ろから修飾します。 → STEP 139

The girl **on the stage** is my sister.
　　舞台の上の少女は私の妹です。

③ 〈自動詞＋前置詞〉：他動詞のようなはたらきをします。前置詞のあとには名詞・代名詞などがきます。熟語としておぼえましょう。 → STEP 94

She **looked at** the picture.
　　彼女はその絵**を見た**。〈look at ～：～を見る〉
He **waited for** Kate.
　　彼はケイト**を待った**。〈wait for ～：～を待つ〉

④ 〈be動詞＋形容詞＋前置詞〉：他動詞のようなはたらきをします。前置詞のあとには名詞・代名詞などがきます。熟語としておぼえましょう。 → STEP 95

He **is afraid of** earthquakes.
　　彼は地震**をおそれている**。〈be afraid of ～：～をおそれる〉
She **is proud of** her son.
　　彼女は息子**を誇りに思っている**。〈be proud of ～：～を誇りに思う〉
My opinion **is different from** yours.
　　私の意見はあなたの（意見）**とはちがう**。〈be different from ～：～とちがう〉

NOTE

前置詞のあとには名詞のほか、代名詞、動名詞がきます。前置詞のあとにくる語句を「前置詞の目的語」といいます。代名詞が前置詞の目的語になるときは "目的格" にします。

I played tennis **with him**.
　　私は**彼と**テニスをした。

Check! 152

STEP 152

She was born **in Nagasaki**. ➡ STEP 140

彼女は**長崎で**生まれた。

She was born **in 2002**.

彼女は**2002年に**生まれた。

上の文の in Nagasaki は「長崎で」の意味です。前置詞の in は「〜 の中に、〜（の中）で」というように "場所" を表しています。
下の文の in 2002 は「2002年に」の意味です。前置詞の in は「（年・ 季節・月などをさして）〜に」というように "時" を表しています。

POINT 1 前置詞の意味には広がりがあるので、辞書を活用して、その広がりを感 覚的につかんでいくようにしましょう。次に示すのは、**in** のいくつか の用法です。

The letter was written **in English**.

　その手紙は**英語で**書かれていた。〈この in は "手段・方法" を表す〉

We sat **in a circle**.

　私たちは**輪になって**すわった。〈この in は "形状" を表す〉

I'll be back **in an hour**.

　私は**1時間たてば**（＝1時間で）もどってきます。〈この in は "時の経過" を表す〉

POINT 2 次に示すのは前置詞 on の用法です。ここからも意味の広がりを感じと りましょう。

There are four glasses **on the table**.

　テーブルの上に4つのコップがある。〈この on は "接触" を表す〉

We often play soccer **on Sunday**.

　私たちは**日曜日に**よくサッカーをする。〈この on は "曜日・特定の日付" を表す〉

I talked with her **on the phone**.

　私は彼女と**電話で**話をした。〈この on は "手段" を表す〉

● "時" を表す in と on の使い分けについては STEP 153 を参照。

NOTE ....

on は "接触" を表すので、かならずしも位置が "上" でなくてもかまいません。

The picture **on the wall** was painted by my sister.

　壁にかかっている絵は私の妹によって描かれた（＝妹が描いた）。

2 注意すべき前置詞（1）

STEP 153

I usually get up **at six thirty**.
私はふつう**6時30分に**起きます。

I usually get up late **on Sunday**.
私はふつう**日曜日には**おそく起きます。

上の文の at six thirty は「6時30分に」の意味で、"時刻" を表しています。下の文の on Sunday は「日曜日には」の意味で、"曜日" を表しています。このように、どういう "時" を表すかで、前置詞を使い分ける必要があります。

POINT 1 "時刻" を表すときは **at** を、"曜日" や "特定の日付" を表すときは **on** を、"月・季節・年" を表すときは **in** を使います。

The TV program begins **at seven o'clock**.
そのテレビ番組は**7時に**はじまる。〈時刻〉

The accident happened **on April 1**.
その事故は**4月1日に**起こった。〈特定の日付〉

My grandfather was born **in 1950**.
私の祖父は **1950年に**生まれた。〈年〉

● April 1 は April (the) first と読みます。

POINT 2 次の言い方は慣用的な使い方としておぼえてしまいましょう。

I always have a cup of coffee **in the morning**.
私はいつも**朝**コーヒーを1杯飲みます。

I usually study **at night**.
私はふつう**夜に**勉強します。

in the morning：朝
(に)、午前中 (に)

at night：夜 (に)

● "特定の日の朝" を表すときは、前置詞は on を使います。

She arrived **on Sunday morning**.
彼女は**日曜日の朝**着いた。

NOTE ....

morning, afternoon や曜日、月、季節などを表す語の前に this, last, every, next などがつくときには、前置詞はつけません。

We went skiing **last winter**.
私たちは**去年の冬**スキーをしに行きました。

Check! 153 154

STEP 154

Finish this work **by next Monday**.
次の月曜日までにこの仕事をおわらせなさい。

Stay here **until next Monday**.
次の月曜日までここにいなさい。

上の文の by next Monday は「次の月曜日までに」の意味ですが、下の文の until next Monday は「次の月曜日まで（ずっと）」の意味です。日本語にするとまぎらわしいので注意しましょう。
until の代わりに till を使うこともできます。

POINT 1 次の前置詞の使い分けに注意しましょう。

by 〜	〜までに	ある時点までに動作が"完了"することを表す。
until 〜	〜まで	ある時点まで動作や状態が"継続"することを表す（＝till）。
for 〜	〜のあいだ	期間を表す。あとに時間・年月などを表すことばがくる。
during 〜	〜のあいだ	期間を表す。あとに特定の期間を表すことばがくる。

She stayed in Japan **for a month**.
　彼女は**1か月間**日本に滞在した。
She stayed in Japan **during the summer**.
　彼女は**夏のあいだ**日本に滞在した。

from 〜	〜から	何かがはじまる"起点"を表す。
since 〜	〜から	「〜から現在まで」という"現在までの継続"を表す。

He works **from nine** to five.
　彼は**9時から**5時まで働いている。
He has lived here **since 1990**.
　彼は**1990年から**ここに住んでいる。〈since はふつう現在完了の文で使う〉
●単に"はじまりの時"を表すときは at や in などを使います。
School begins **at eight thirty**.　学校は**8時30分に**（＝から）はじまる。

NOTE

次の2つの前置詞の意味のちがいにも注意しましょう。（in については → STEP 152 ）
He will be back **in an hour**.　彼は**1時間たてば**（＝1時間で）もどってきます。
He will be back **within an hour**.　彼は**1時間以内に**もどってきます。

3 注意すべき前置詞 (2)

STEP 155

We stayed **in Paris**.
私たちは**パリに**滞在した。

We stayed **at a hotel**.
私たちは**ホテルに**滞在した。

上の文の in Paris は「パリに」、下の文の at a hotel は「ホテルに」の意味です。どちらも場所を表していますが、どんな場所かで前置詞を使い分けていることに注意しましょう。"広がり"を感じさせる場所に対しては in を使います。

POINT 1 次の前置詞の使い分けに注意しましょう。

in ~	~(の中)で	場所を"広がり"を感じさせるものとして表す。
at ~	~で	場所を"広がり"ではなく"点"のようなものとして表す。

My mother is **in the kitchen**.
母は**キッチンに**います。

Turn left **at the next corner**.
次の角で左に曲がりなさい。

on ~	~の上に	"接して"上にあるときに使う。
above ~	~の上に	"離れて"上にあるときに使う。⊗ below ~（~の下に）

Your cake is **on the table**.
あなたのケーキは**テーブルの上に**あります。

We are **above the clouds** now.
私たちはいま**雲の上に**います。

We can see Mt. Fuji **below us**.
私たちの下に富士山が見える。

● on は"接触"を表すので、下や横に接しているときにも使います。 → STEP 152

NOTE

「~の上に」の意味では over も使います。over は"真上"にあるときや、"おおいかぶさっている"ときに使います。⊗ under ~：~の (真) 下に

The bird flew **over our heads**.
その鳥は**私たちの頭の上を**飛んでいった。

Check! 155 156

STEP 156

The teacher sat **between Tom and John**.
先生は**トムとジョンのあいだに**すわった。

The teacher sat **among the students**.
先生は**生徒たちのあいだに**すわった。

上の文の between ～ は "2つのものにはさまれている" ときに使う言い方です。ここでは「トムとジョン」（Tom and John）です。下の文の among ～ は、ふつう "3つ以上のものに囲まれている" ときに使います。ここでは「生徒たち」（the students）です。

POINT 1　次の前置詞の使い分けに注意しましょう。

between ～	～のあいだに	2つのものにはさまれているときに使う。
among ～	～のあいだに	ふつう3つ以上のものに囲まれているときに使う。

There are three stops **between Tokyo and Ueno**.
　東京と上野のあいだには3つの駅がある。〈between A and B：AとBのあいだに〉

There was a house **among the trees**.
　木々のあいだに（＝木立の中に）1軒の家があった。

The singer is very popular **among young people**.
　その歌手は若い人たちのあいだでとても人気がある。

● between のあとには、〈A and B〉以外の形がくることもあります。

She sat **between her parents**.
　彼女は両親のあいだにすわった。

along ～	～にそって、～を通って
across ～	～を横切って

We walked **along the river**.
　私たちはその川にそって歩いた。

He swam **across the river**.
　彼はその川を横切って泳いだ（＝泳いでわたった）。

NOTE

広がりのある場所を "つらぬいて" というときには through を使います。

The Kamo River flows **through Kyoto**.
　鴨川は京都を（つらぬいて）流れています。

4 注意すべき前置詞 (3)

STEP 157

Please write **with a pencil**.
えんぴつで書いてください。

I go to school **by train**.
私は**電車で**学校に通っている。

 上の文の with a pencil は「えんぴつで」、下の文の by train は「電車で」の意味です。どちらも"手段"を表していますが、どんな手段かによって使い分けが必要です。
〈by ＋乗り物〉は決まった言い方です。

POINT 1 "手段"を表す前置詞の使い分けに注意しましょう。

with ～	～で	"道具"などを表す。
by ～	～で	"移動手段"や"通信手段"を表す。あとにくる名詞は無冠詞。
in ～	～で	"材料"などを表す。

Please cut this cake **with a knife**.
このケーキを**ナイフで**切ってください。
Please send this **by special delivery**.
これを**速達で**送ってください。
Please write **in red ink**.
赤インクで書いてください。

● by bus（バスで）や by plane（飛行機で）などの言い方もおぼえておきましょう。

POINT 2 「～で」を表す言い方には、ほかに次のようなものもあります。

I watched the game **on TV**.
私はその試合を**テレビで**見た。
I bought it **for 300 yen**.
私はそれを **300 円で**買った。

NOTE

ここまで、使い分けにまよいそうな前置詞を中心に見てきましたが、それ以外の注意したい前置詞として、like（～のように、～のような）もおぼえておきましょう。
She smiles **like an angel**.　彼女は**天使のように**ほほえむ。

Check! 157 158

STEP 158

She went **into** the room.
彼女は部屋（**の中**）へ入っていった。

She went **out of** the room.
彼女は部屋**から**（**外へ**）出ていった。

上の文の into ～ は「～の中へ」という意味を表します。into は in と to がくっついてできた前置詞です。
下の文の out of ～ は「～から（外へ）」という意味を表します。out of は 2 語で 1 つの前置詞のはたらきをします。

POINT 1 2語以上がまとまって1つの前置詞のはたらきをするものがあります。

He looked **out of** the window.
彼は窓**から外**を見た。

out of ～：～から外へ

● out of と対になる into は（もとは 2 語ですが）1 語の前置詞です。

Kick the ball **into** the goal.
そのボールをけってゴール（**の中**）に入れなさい。

into ～：～の中へ

POINT 2 次にあげるものはどれも、2語以上がまとまって1つの前置詞のはたらきをするものです。熟語としておぼえましょう。

He stood **in front of** the door.
彼はドア**の前に**立っていた。

in front of ～：～の前に

There is a parking lot **at the back of** the hotel.
そのホテル**の後ろには**駐車場がある。

at the back of ～：～の後ろに

The street was crowded **because of** the accident.
その事故**のために**、通りは混雑していた。

because of ～：～のために

Thanks to your help, I was able to finish my work.
あなたの手助け**のおかげで**、私は仕事をおえることができた。

thanks to ～：～のおかげで

● at the back of ～ は in back of ～ ともいいます。

NOTE
「～の後ろに」の意味では、behind という 1 語の前置詞も使われます。
The boy hid **behind** the curtain.
その少年はカーテン**の後ろに**かくれた。

193

いろいろな前置詞に慣れよう！

ここでは、本文中でふれられなかった表現もとりあげています。まちがってもかまわないので、ここでおぼえるようにしましょう。

正しい前置詞を入れましょう。

1 She welcomed us (　　　) a smile.
　　彼女は笑顔で私たちをむかえてくれた。

「笑顔で」⇒「笑顔をともなって」ということなので、**with** を入れます。この with は "様子" を表しており、「〜をともなって、〜で」という意味です。なお、with a smile（笑顔で）はよく使う言い方です。

2 She went out (　　　) saying anything.
　　彼女は何も言わずに出ていった。

saying anything は動名詞の句です。後ろに動名詞の句がきて「〜することなく」「〜せずに」という意味を表す前置詞は **without** です。この without の用法については、〈句で表す〉の章で習いました。 **⇒ STEP 134**

3 He is a friend (　　　) mine.
　　彼は私の友だちの１人です。

my がついている名詞には、「（不特定の）１人の、１つの」を意味する冠詞の a はつけることができません。では、「私の友だちの１人」というときはどうすればいいのでしょうか。そのようなときは、a friend **of** mine という言い方をします。決まった言い方としておぼえておきましょう。ほかに、one of my friends という言い方もあります。

4 She'll be back (　　　) five minutes.
　　彼女は５分もすればもどります。

会話などでよく使う表現です。"時の経過" を表す前置詞の **in** を入れます。「〜後に、〜たったら」という意味を表します。前置詞は意味の幅が広いので、in =「〜の中に」のように１つの意味に固定してしまわず、使い方を広げていくようにしましょう。

5 I want to live in a big house (　　　) that.
　　私はあのような大きな家に住みたい。

ちょっと思いつきにくい前置詞ですが、**like** 〜 で「〜のような、〜に似ている」という意味を表します。動詞の like だけでなく、前置詞の like もおぼえておきましょう。この like を使った重要な熟語に、look like 〜（〜のように見える）というのがあります。
She **looks like** an angel.　彼女は天使のように見える。

13

節で表す（1）
接続詞と疑問詞

STEP 159 ～ STEP 172

この章では、語と語、句と句、文と文を"対等に"つなぐ
接続詞について見たあと、"副詞（のはたらきをする）節"
をつくる接続詞、そして、"名詞（のはたらきをする）節"
をつくる接続詞・疑問詞について学習します。
「節」とは、文の形をそなえていながら、句と同じように、
文の中の1つの要素（名詞・副詞など）になる単語の集ま
りのことです。節の学習は、英語学習の"大きな山"です。

1	さまざまな接続詞（1） and と or
2	さまざまな接続詞（2） but, so など
3	副詞のはたらきをする節 接続詞
4	副詞節の注意すべき用法
5	名詞のはたらきをする節（1） that の節
6	名詞のはたらきをする節（2） 間接疑問
7	名詞節のさまざまな用法

1 さまざまな接続詞（1） and と or

1・2年

I bought **a pen**.

→ STEP 22

私は**ペン**を買った。

I bought **a pen and a notebook**.

私は**ペンとノート**を買った。

 上の文では、動詞 bought（買った）の目的語は a pen（ペン）だけですが、下の文では、a pen and a notebook（ペンとノート）が目的語です。and は、「〜と…」というように、前後の語句をつなぐはたらきをしています。

POINT 1 語と語、句と句、文と文をつなぐはたらきをするものを「接続詞」といいます。接続詞 **and** は、「〜と…」「〜そして…」のように語と語、句と句、文と文をつなぎます。

Tom and Mike are good friends.
トムとマイクは親友です。〈主語は複数（2人）になるので be動詞は are〉

He was **tired and hungry**.
彼は**つかれていておなかもすいて**いた。
〈形容詞と形容詞が and でつながれている〉

She had pizza **and** I had spaghetti.
彼女はピザを食べ、（**そして**）私はスパゲッティを食べた。

I visited **Kyoto, Osaka, and Kobe**.
私は**京都と大阪と神戸**を訪れました。

● 3つ以上の語や句をつなぐときは、ふつうつなげる語句をコンマ（ , ）で区切り、最後の語句の前に and をおきます。ただし、and の前にはコンマはつけなくてもかまいません。

POINT 2 接続詞 **or** は、「〜か…」「〜あるいは…」のように語と語、句と句、文と文をつなぎます。疑問文でもよく使います。 → STEP 78

I saw the movie **four or five times**.
私はその映画を**4回か5回**見た。

Is he **your brother or your friend**? — He is my friend.
彼は**あなたの兄弟**ですか、**それとも友人**ですか。 — 彼は友人です。

NOTE ....

接続詞 or は、「〜、すなわち…」のように、ことばを言いかえるときにも使います。
We played *shogi*, **or** Japanese chess. 私たちは将棋、**すなわち**日本のチェスをした。

2・3年

STEP 160

She can speak Japanese **and** English. → STEP 159

彼女は日本語と英語を話せる。

She can speak **both** Japanese **and** English.

彼女は日本語と英語の**両方とも**話せる。

上の文では、Japanese と English が and（〜と…）でつながれているだけですが、下の文では、Japanese の前に both があります。both 〜 and … の形になると「〜と…の両方とも」というように、"両方"という点が強調されます。

POINT 1 and と or を使った次の２つの熟語をおぼえておきましょう。

both A and B：AとBの両方とも
either A or B：AかBのどちらか

She can play **both** the piano **and** the violin.

彼女はピアノとバイオリンの**両方とも**ひける。

Both you **and** I are wrong.

あなたも私も**両方とも**まちがっている。〈both A and B は複数あつかい〉

I want to visit **either** Paris **or** London.

私はパリかロンドン**のどちらか**に行きたい。

Either you **or** I am wrong.

あなたか私の**どちらか**がまちがっている。

●〈(either) A or B〉が主語のときは、動詞は B に合わせます。

POINT 2 「**A も B もどちらも（＝両方とも）…ない**」と否定の意味を表すときは、**both A and B** ではなく、**either A or B** を使います。

I don't like **either** math **or** science.

私は数学も理科もどちらも好きでは**ない**。

●これと同じ意味を neither A nor B で表すこともできます。

I like **neither** math **nor** science.

私は数学も理科もどちらも好きでは**ない**。

NOTE

both を否定文で使うと、「両方とも…ない」という意味か、「両方とも…というわけではない」という部分否定（→ STEP 79 ）の意味か、あいまいになります。否定文では both を使うのはさけたほうがいいでしょう。

2 さまざまな接続詞 (2) but, so など

STEP 161

She likes cheese, **and** I do, too. → STEP 159

彼女はチーズが好きです。**そして**、私も好きです。〈do = like cheese〉

She likes cheese, **but** I don't.

彼女はチーズが好きです。**しかし**、私は好きではありません。

上の文では、接続詞の and が使われていて、文の前と後ろが「～、そして…」というようにむすばれています。
下の文では、but でつながれていて、文の前と後ろは「～、しかし…」というように、"逆接"の関係でむすばれています。

POINT 1 接続詞 **but** は、「～、しかし…」「～だが…」というように、前でのべた内容と反対のことや対照的なことをのべるときに使います。

I called Mary, **but** she was out.

私はメアリーに電話をした**が**、彼女は留守だった。

She is only four **but** very bright.

彼女はたった4歳_{さい}**だが**、とても頭がいい。

He went to the party, **but** I didn't.

彼はそのパーティーに行った**が**、私は行かなかった。

● didn't のあとの go to the party は省略されています。

POINT 2 接続詞 **so** は、文と文をつなぎ、「～、それで…」「～ので…」というように、"結果"を表すときに使います。接続詞 **for** は、「～、それというのも…」「～、なぜなら…」というように、"理由"を表すときに使います。

He wasn't home, **so** I left a message.

彼は家にいなかった**ので**、私は伝言を残した。

She was very sad, **for** her cat was dead.

彼女はとても悲しかった。**それというのも**、彼女のネコが死んだからだ。

● "理由"を表す接続詞としては、あとで習う
because のほうがよく使われます。 → STEP 164

NOTE

and, or, それにこのページで習った接続詞は、それによってつながれる語と語、句と句、文と文を"対等な"関係でむすびます。このような接続詞を「等位接続詞_{とういせつぞくし}」といいます。

198

2・3年

STEP 162

Hurry up, **and** you will catch the train.
急ぎなさい、**そうすれば**電車に間に合います。

Hurry up, **or** you will miss the train.
急ぎなさい、**さもないと**電車に乗りおくれますよ。

上の文も下の文も、「急ぎなさい」という意味の命令文ではじまっていますが、そのあとに、上の文では and … がつづき、下の文では or … がつづいています。and … とすると「そうすれば…」の意味になり、or … とすると「さもないと…」の意味になります。

POINT 1　命令文と接続詞の **and, or** を組み合わせた次のような言い方があります。

〈命令文 , + **and** …〉：～しなさい、そうすれば…
〈命令文 , + **or** …〉：～しなさい、さもないと…

Study hard, **and** you'll pass the exam.
一生けんめい勉強しなさい、**そうすれば**あなたは試験に受かりますよ。

Study hard, **or** you'll fail the exam.
一生けんめい勉強しなさい、**さもないと**あなたは試験に落ちますよ。

●上の2つの文は、if（→ STEP 164 ）を使って次のように書きかえられます。

If you study hard, you'll pass the exam.
もし一生けんめい勉強**したら**、あなたは試験に受かるでしょう。

If you don't study hard, you'll fail the exam.
もし一生けんめい勉強**しなかったら**、あなたは試験に落ちるでしょう。

POINT 2　〈not only A but also B〉で「A だけでなく B も」の意味を表します。熟語としておぼえましょう。also は省略されることもあります。

He can speak **not only** English **but also** French.
彼は英語**だけでなく**フランス語**も**話せます。

Not only I **but also** John is angry.
私**だけでなく**ジョン**も**怒っている。

● 〈Not only A but also B〉が主語のときは、動詞は B に合わせます。

NOTE

〈not ～ but …〉とすると、「～ではなくて…」という意味になります。

She is **not** a singer **but** an actor.　彼女は歌手**ではなくて**俳優です。

3 副詞のはたらきをする節　接続詞

STEP 163

My sister was born **in 2014**.
　　私の妹は**2014年に**生まれた。

→ STEP 152

My sister was born **when I was three**.
　　私の妹は**私が3歳のときに**生まれた。

上の文では、前置詞の in ではじまる句が "時" を表しています。
下の文では、when のあとに I was three（私は3歳だった）という
文の形がきて、それ全体で "時" を表しています。
この when は接続詞で、「〜のとき」という意味を表します。

POINT 1 接続詞 **when** は、あとに〈主語＋動詞〉をふくむ形（＝文の形）がきて、「〜
のとき」という意味を表します。なお、この **when 〜** は文の前にも後
ろにもおくことができます。

When I got home, it began to rain.
　私が家に着いたとき、雨がふりだした。

● when 〜 が文の前にあっても後ろにあっても、かならず
when 〜 をひとかたまりにして意味をとりましょう。こ
れ全体で "時" を表す副詞のはたらきをします。

POINT 2 "時" を表す接続詞には、ほかに次のようなものがあります。これらも、
あとに〈主語＋動詞〉をふくむ形（＝文の形）がきます。

While I was in Paris, I visited the Louvre.
　私はパリにいるあいだに、ルーブル美術館を訪れた。

while 〜：〜するあいだに

After I finished my homework, I watched TV.
　宿題をおえたあと、私はテレビを見た。

after 〜：〜したあとで

Brush your teeth **before you go to bed**.
　寝る前に歯をみがきなさい。

before 〜：〜する前に

He waited **until she came back**.
　彼は**彼女が帰ってくるまで**待った。

until 〜：〜まで（ずっと）

● until の代わりに till も使えます。どちらも同じ意味です。

NOTE

since 〜 は「〜して以来」という意味で、現在完了の文でよく使います。
I have lived here **since I was a boy**.
　私は**少年だったときから**ここに住んでいる。〈since 〜 の中の動詞は過去形〉

Check! 163 164

2・3年

STEP 164

I went home early **to watch the TV program**. → STEP 142

私は**そのテレビ番組を見るために**早く家に帰った。

I went home early **because I felt sick**.

私は**気分がわるかったので**早く家に帰った。

上の文の to watch ～ は "目的" を表す不定詞で、「～を見るために」
という意味を表しています。
下の文では、because ～ 全体が "理由" を表し、「～なので」とい
う意味を表しています。because のあとには文の形がきます。

POINT 1 接続詞 **because** は、あとに〈主語＋動詞〉をふくむ形（＝文の形）がき
て、「～なので」「なぜなら～」というように "理由" を表します。
because ～ は文の前にも後ろにもおくことができます。

We didn't swim **because the water was dirty**.

水がきたなかったので、私たちは泳がなかった。

Because it was snowing, she didn't go out.

雪がふっていたので、彼女は外出しなかった。

Why are you so happy? — **Because I passed the exam**.

あなたはなぜそんなにうれしいのですか。— 試験に受かったからです。

● because は、上のように Why ではじまる疑問文に対する答えの文でも使います。

POINT 2 接続詞 **if** と **though** も、あとに〈主語＋動詞〉をふくむ形（＝文の形）
がきて、**if ～** は「もし～なら」という意味を、**though ～** は「～だ
けれども、～であるが」という意味を表します。

We will help you **if you have any trouble**.

もし何か困ったことがあるなら、私たちが力になります。

●接続詞の if は "条件" を表す節をつくります。

Though it was snowing, she went out.

雪がふっていたけれど、彼女は外出した。

NOTE

when や because, if などの接続詞は、あとに文の形がきますが、全体では "副詞のはたらき"
（時・理由・条件などを表す）をします。つまり、文の一要素となってしまうのです。この
ような接続詞を「従位接続詞」といいます。

4 副詞節の注意すべき用法

STEP 165

It **will rain** tomorrow. ➡ STEP 27
あすは**雨がふるだろう**。

If it **rains** tomorrow, I will stay home.
もしあす**雨がふったら**、私は家にいます。

上の文は、未来を表すふつうの文です。動詞の部分が will rain（雨がふるだろう）となっています。
下の文の "条件" を表す If ～ の中では、同じように未来のことを表していても、動詞の部分は rains と現在形になっています。

POINT 1 "条件" を表す **if** の節や、"時" を表す **when** などの節の中では、未来のことを表す場合でも、動詞は現在形を使います。

She will be glad **if** you **go** with her.
もしあなたが彼女といっしょに**行けば**、彼女はよろこぶでしょう。
When I **arrive** at the station, I'll call you.
駅に**着いたとき**（＝着いたら）、あなたに電話します。

POINT 2 **though** の節は、**but** を使って書きかえられます。**though** のあとにつづく部分を文の前半にもってきて、**but** ～ とつづけます。

- **Though** I was tired, I didn't take a rest.
- I was tired, **but** I didn't take a rest.
私はつかれていた**が**、休憩はとらなかった。〈but の位置に注意〉

● **Though** の節は "副詞"（文の一要素）のはたらきをしていますが、but は２つの文を "対等に" つないでいます。

NOTE ....

いくつかの単語が集まって全体で１つの品詞のようなはたらきをするものは「句」といいます。しかし、この章で見てきたように、そのような集まりの中に、文と同じように〈主語＋動詞〉があるものもあります。これを「節」といいます。

［例］They went home **before it got dark**.
彼らは**暗くなる前に**家に帰った。

この before ～ は副詞のはたらきをする節（＝副詞節）です。これに対し、このあとで習う that の節や疑問詞の節は、名詞のはたらきをする節（＝名詞節）です。

Check! 165 166

2·3年

STEP 166

When I get home, I'll call you. ➡ STEP 165

家に着い**たとき**（＝着いたら）、あなたに電話します。

As soon as I get home, I'll call you.

家に着い**たらすぐに**、あなたに電話します。

上の文では、接続詞の When が使われています。When I get home で「家に着いたとき」という意味です。下の文では、As soon as 全体が 1 つの接続詞のはたらきをしています。As soon as I get home で「家に着いたらすぐに」という意味です。

POINT 1 **as soon as** という句は、あとに文の形がきて、「～するとすぐに」という意味を表すことがあります。

He ran away **as soon as** he saw a police car.
パトカーを見**たとたん**、彼は逃げた。

As soon as he came in, they stopped talking.
彼が入ってくる**とすぐに**、彼らは話すのをやめた。

●この as soon as は句全体で "接続詞のはたらき" をしています。

POINT 2 **so … that ～** で「とても…なので～」という意味を表します。so のあとには形容詞や副詞がきて、that のあとには文の形がきます。これも熟語としておぼえましょう。

He spoke **so** fast **that** I couldn't follow him.
彼は**とても**速く話した**ので**、私には彼の言うことが理解できなかった。

I'm **so** busy **that** I can't help you.
私は**とても**いそがしい**ので**、あなたを手伝うことができない。

●上の文は、too … to ～（あまりにも…すぎて～できない）を使って次のように書きかえることができます。

I'm **too** busy **to** help you.
私はいそがし**すぎて**あなたを手伝うことができ**ない**。

NOTE ....

so … that ～ の that は省略されることがあります。

I was **so** surprised **(that)** I couldn't say a word.
私は**とても**びっくりした**ので**、ひとこともしゃべれなかった（＝声も出なかった）。

5 名詞のはたらきをする節 (1) that の節

STEP 167

She loves John. → STEP 4

彼女はジョンを愛している。

I know that she loves John.

私は**彼女がジョンを愛しているということ**を知っている。

上の文は、She loves John. という単純な文ですが、注目すべきは、これがそのまま下の文の中に入っていることです。
下の文は、上の文を"取り込んで"、動詞 know の目的語にしているのです。そのさいに使われているのが接続詞の that です。

POINT 1 接続詞の **that** は、あとに〈主語＋動詞〉をふくむ形（＝文の形）がきて、「～ということ」という意味を表します。この **that ～** は"名詞のはたらき"をして、しばしば動詞の目的語になります。

She **knows that** he is very shy.
　彼女は彼がとても内気だ**ということを知っている**。

know that ～：～ということを知っている

We often **say that** life is short.
　私たちはしばしば人生はみじかい**と言います**。

say that ～：～と言う

I **think that** she is very charming.
　私は彼女はとても魅力的だ**と思う**。

think that ～：～と思う

We **hope that** you will enjoy the concert.
　私たちはあなたがコンサートを楽しむ**ことを望みます**。

hope that ～：～ということを望む

●この that ～ は「名詞節」（＝名詞のはたらきをする節）（→ STEP 165 の NOTE）です。

POINT 2 接続詞の **that** がつくる名詞節は、〈主語＋動詞＋間接目的語＋直接目的語〉の文（→ STEP 89 ）の直接目的語になることもあります。

Everyone **tells me that** he is a genius.
　みんなが**私に**彼は天才だ**と言う**。

I **promise you that** I will always be your friend.
　私は（**あなたに**）つねにあなたの友人である**と約束します**。

NOTE

接続詞のthatは、このように重要なはたらきをするにもかかわらず、しばしば省略されます。
上の例文のどの that も省略することができます。

I **believe (that)** he will win.　私は彼が勝つ**と信じています**。

Check! 167 168

2・3年

STEP 168

I **think** (that) she **is** very charming. ➡ STEP 167

私は彼女はとても魅力的（みりょくてき）だと思う。

I **thought** (that) she **was** very charming.

私は彼女はとても魅力的だと思った。

上の文は「〜と思う」という現在の文です。この文では、think も that 〜 の中の動詞（is）も現在形です。
下の文は、上の文を過去にしたものです。think が thought になるだけでなく、that 〜 の中の動詞も過去形（was）になります。

POINT 1 know that 〜 のように、that 〜 が動詞の目的語になる文では、前の動詞が過去（たとえば knew）になると、that 〜 の中の動詞もそれに合わせる必要があります。

I **knew** (that) they **were** busy.

私は彼らがいそがしい**ということを知っていた**。

He **found** (that) the question **was** easy.

彼はその問題がやさしい**と感じた**。

find that 〜：〜とわかる、感じる

●上のような文を訳すときは、that 〜 の中は過去に訳さないほうが自然です。

POINT 2 that 〜 の前の動詞が過去になると、that 〜 の中で使われている助動詞（**will, can** など）も過去形（**would, could** など）になります。

⎡ I **think** (that) John **will** win the game.

　　私はジョンはその試合に勝つ（**だろう**）と思う。

⎣ I **thought** (that) John **would** win the game.

　　私はジョンはその試合に勝つ（**だろう**）と思った。

　　〈would は will の過去形〉

N O T E

that 〜 の中の動詞や助動詞の "時制"（現在・過去・未来など）を、that の前の動詞の "時制" に対応させることを「**時制の一致（いっち）**」といいます。ただし、that 〜 の中の内容が "不変の真実" や "現在の事実・習慣" などのときは、現在形のままで表すこともあります。

We **learned** (that) the earth **is** round.

私たちは地球がまるいということを学んだ。〈不変の真実〉

6 名詞のはたらきをする節 (2) 間接疑問

STEP 169

Who is he?
彼はだれですか。

→ STEP 71

Everybody knows who he is.
彼がだれかみんな知っている。

上の文は、Who is he? という疑問詞ではじまる疑問文です。
下の文は、上の文を"取り込んで"、動詞 knows の目的語にしています。そのさい、who のあとが、is he (＝疑問文の形) ではなく he is (＝ふつうの文の形) と変わっていることに注目しましょう。

POINT 1 疑問詞のあとがふつうの文の形（主語＋動詞…）になると、全体が"名詞のはたらき"をするようになり、動詞の目的語になることができます。

Why is she angry?
彼女はなぜ怒っているのですか。

I know **why she is angry**.
彼女がなぜ怒っているのか私にはわかっています。

Where does he live?
彼はどこに住んでいるのですか。

Do you know **where he lives**?
彼がどこに住んでいるかあなたは知っていますか。

POINT 2 疑問詞ではじまって"名詞のはたらき"をするものを「間接疑問」といいます。間接疑問は〈主語＋動詞＋間接目的語＋直接目的語〉の文の直接目的語になることもあります。

Tell me **what you want to do**.
あなたは何をしたいのか (私に) 教えてください。

People often ask me **how I became a writer**.
人はよく私にどうやって作家になったのかたずねます。

●この間接疑問も that ではじまる節と同じように「名詞節」です。

NOTE ....

助動詞の間接疑問でも、疑問詞のあとはふつうの文の形（主語＋助動詞＋動詞）になります。

I wonder **when she will come back**.
彼女はいつ帰ってくるのかしら。〈I wonder ～：～かしら、～だろうか〉

Check! 169 170

STEP 170

I **know** where he **lives**. ➡ STEP 169

私は彼がどこに**住んでいるか知っている**。

I **knew** where he **lived**.

私は彼がどこに**住んでいるか知っていた**。

上の文は「〜（を）知っている」という現在の文です。この文では、know も where 〜 の中の動詞 (lives) も現在形です。
下の文は、上の文を過去にしたものです。know が knew になるだけでなく、where 〜 の中の動詞も過去形（lived）になります。

POINT 1 間接疑問が動詞の目的語になる文では、前の動詞（たとえば **ask**）が過去（**asked**）になると、間接疑問の中の動詞もそれに合わせる必要があります。これも「時制の一致」（➡ STEP 168）です。

I **asked** her what she **wanted**.

私は彼女に何が**ほしいのかたずねた**。

I **didn't understand** why she **was** crying.

私には彼女がなぜ泣い**ているのかわからなかった**。

POINT 2 疑問詞が主語となる間接疑問は、疑問詞（＝主語）のすぐあとに動詞がきて、〈疑問詞＋動詞…〉の形になります。

┌ Who won the gold medal?

　　だれが金メダルをとりましたか。

└ Do you know **who won the gold medal**?

　　あなたは**だれが金メダルをとったか**知っていますか。

●疑問詞が主語の場合は、疑問文も間接疑問も形は同じになります。

I wonder **what happened to him**.

彼（の身）に何が起こったのだろうか。

N O T E

ほかにも、いろいろな疑問詞で間接疑問をつくることができます。

She asked me **which movie I wanted to see**.

　彼女は私に**どちらの映画を見たいか**とたずねた。

I want to know **how long he is going to stay here**.

　私は彼が**どのくらい（の期間）ここに滞在するつもりか**知りたい。

207

7 名詞節のさまざまな用法

2・3年

STEP 171

I believe that he is honest.

➡ STEP 167

私は彼が正直だ**と（いうことを）**信じている。

I am sure that he is honest.

私は彼が正直だ**と（いうことについて）**確信している。

上の文では、I believe（主語＋動詞）のあとに that 〜 がきて、「〜
と信じている」という意味を表しています。
下の文では、I am sure（主語＋be動詞＋形容詞）のあとに that 〜
がきて、「〜と確信している」という意味を表しています。

POINT 1　接続詞の **that** は、〈主語＋be動詞＋形容詞＋**that** 〜〉の形の文をつ
くって、「〜ということについて…である」「〜ということが…である」
という意味を表すことがあります。

He **was glad that** she came back.
　彼は彼女が帰ってきた**ことが**（＝帰ってきて**くれて**）うれしかった。

I'm **proud that** he is my friend.
　私は彼が友人である**ことを誇り（ほこ）に思っている**。

I'm **afraid that** it will rain tomorrow.
　残念ながらあすは雨がふる**のではないかと思う**。〈この that はしばしば省略される〉

●この that の節は名詞節ではないとも考えられますが、ここでは分類にこだわらず、1つ
の決まった表現の型としておぼえておきましょう。

POINT 2　接続詞の **that** や疑問詞がつくる名詞節は、動詞の目的語になるほかに、
〈主語＋be動詞＋補語〉の文の補語になることもあります。

The problem is **that we are too busy**.
　問題は**私たちがいそがしすぎるということ**です。

The fact is **that I have never talked to her**.
　事実は（＝実は）**私は1度も彼女と話したことがない**。

The important thing is **how you use your time**.
　重要なことは**自分の時間をどのように使うか**です。

NOTE ....

上の接続詞 that を使った例文すべてにおいて、that は省略可能です。

Check! 171 172

発展学習

STEP 172

Does she really love him? → STEP 19
彼女は本当に彼を愛しているのだろうか。

I don't know **if she really loves him**.
彼女が本当に彼を愛しているかどうか私にはわからない。

上の文は、Does she ではじまる一般動詞のふつうの疑問文です。
下の文は、上の文を"取り込んで"、動詞 know の目的語にしています。
そのさい使われているのが接続詞の if です。if のあとは疑問文の形で
はなく、ふつうの文の形（she really loves him）になっています。

POINT 1 接続詞の if も、あとに文の形がきて名詞節をつくることがあります。「～
かどうか」という意味を表し、動詞の目的語になることができます。末
尾に **or not** をつけることもあります。これも「間接疑問」の1つです。

Please tell me **if you agree with me**.
　私に賛成かどうか教えてください。

I wonder **if his story is true**.
　彼の話は本当かどうか疑問に思う（＝本当なのかしら）。

He asked me **if I was interested in music**.
　彼は私に音楽に興味があるかどうかをたずねた。

●文の動詞（asked）が過去なので、if の節の動詞（was）も過去になっています。

POINT 2 疑問詞がつくる名詞節（＝間接疑問）は、動詞の目的語になるだけでな
く、"前置詞の目的語"になることもあります。

Your future depends on **what you do now**.
　あなたの未来は**あなたがいま何をするか**で決まる。

We talked about **which plan was the best for us**.
　私たちは**自分たちにとってどの計画がいちばんよいか**について話し合った。

●なお、that がつくる名詞節は、ふつう前置詞の
目的語になることはできません。

NOTE
....

この章では接続詞と疑問詞について学びながら、**"副詞のはたらきをする節"**や**"名詞のは
たらきをする節"**について学習してきました。次の関係代名詞の章では**"形容詞のはたら
きをする節"**について学びます。

ここでつまずかないように！

次の文のどちらかの（　　）に **when** をいれて、日本語の意味を表す文をつくりましょう。

1 （　　　　） Tom was watching TV （　　　　） I visited him.
私が訪問したとき、トムはテレビを見ていた。

接続詞の when は「〜する〔した〕とき」という意味の“時”を表す副詞節をつくります。このような節は、文の前にくることもありますし、後ろにくることもあります。この文では「私が（彼を）訪問したとき」なので、I visited him の前に when をおきます。

▲完成文は次のように
なります ☞ Tom was watching TV **when** I visited him.

上の文は次のように言っても意味は同じです。
When I visited Tom, he was watching TV.

（　　）に接続詞を入れて、2つの文を同じ意味にしましょう。

2 ⌈ Turn left, and you'll see the station.
　└ （　　　　） you turn left, you'll see the station.

〈命令文 , ＋ and …〉で「〜しなさい、そうすれば…」の意味になります。これと同じ意味を、「もし〜すれば、…」という文で表すことができます。書きかえ問題でよく出題されるパターンの1つです。「もし〜すれば」の意味は、接続詞 if で表すことができます。

▲完成文は次のように
なります ☞ **If** you turn left, you'll see the station.

（もし）左に曲がれば、駅が見えるでしょう。

次の文のまちがいを見つけて、なおしましょう。

3 I thought that he is angry with me.
私は彼は私のことを怒っていると思った。

that 〜 は動詞 thought の目的語です。thought は think（思う）の過去形なので、that 〜 の中の動詞も過去形にしなくてはなりません。これを“時制の一致”といいます。

▲上の文は正しくは
次のようになります ☞ I thought that he **was** angry with me.

次の文のまちがいを見つけて、なおしましょう。

4 I don't know where is he?
私は彼がどこにいるのか知りません。

where のあとなので、つい is he? とつづけたくなります。しかし、間接疑問では、疑問詞のあとが疑問文の語順にならず、ふつうの文の語順になります。また、上の文は全体としては疑問文ではなく否定文なので、文のおわりは「？」ではなく「．」（ピリオド）にします。

▲上の文は正しくは
次のようになります ☞ I don't know where **he is**.

210

14

節で表す（2）
関係代名詞

STEP 173 ～ STEP 182

この章でも、ひきつづき「節」の学習をします。前の章では、"名詞（のはたらきをする）節"や"副詞（のはたらきをする）節"について学びましたが、ここでは"形容詞（のはたらきをする）節"について学習します。
形容詞節をつくるときに必要になるのが「関係代名詞」です。これを使えるようになると、句による修飾以上に複雑な修飾が可能になり、表現の幅はさらに広がります。

1 形容詞のはたらきをする節 (1) who

STEP 173

The boy **dancing with Mary** is John.
メアリーと踊_{おど}っている男の子はジョンです。

→ STEP 136

The boy **who loves Mary** is Tom.
メアリーを愛している男の子はトムです。

上の文では、The boy を dancing with Mary（メアリーと踊っている）という "句" が後ろから修飾しています。
下の文では、The boy を who loves Mary（メアリーを愛している）という "節"（＝文の形）が後ろから修飾しています。

POINT 1　名詞を節（＝文の形）で修飾するときに使うのが「関係代名詞」です。関係代名詞の who ではじまる〈who ＋動詞…〉の形の節は、"人" を表す名詞を後ろから修飾し、「～する人」という意味を表します。

The man **who helped us** was a police officer.

私たちを助けてくれた男の人は警察官でした。〈who は動詞 helped の主語〉

I have a friend **who lives in New York**.

私には**ニューヨークに住んでいる**友人がいます。〈who は動詞 lives の主語〉

●関係代名詞の who ではじまる節は、"形容詞のはたらき" をして、すぐ前の名詞を修飾します。

POINT 2　関係代名詞の who は、節（who ＋動詞…）の中で "主語の役割" をします。このような関係代名詞を「主格の関係代名詞」といいます。また、関係代名詞の節に修飾される名詞を「先行詞」といいます。

The girl **who played the violin** was my classmate.
バイオリンをひいた女の子は私の同級生でした。〈先行詞は girl〉

Do you know anyone **who can speak English**?
だれか**英語を話せる**人を知っていますか。〈先行詞は anyone〉

●先行詞は、ふつう関係代名詞のすぐ前にあります。

NOTE

先行詞が "複数" のときは、who のあとの動詞はそれに合わせます。

There are a lot of students **who are** interested in music.
音楽に興味をもっている生徒はたくさんいます。

STEP **174**

The boy who loves Mary is Tom. → STEP 173

メアリーを愛している男の子はトムです。

The boy whom Mary loves is John.

メアリーが愛している男の子はジョンです。

上の文では、関係代名詞 who のあとに動詞 (loves) がきています。
who はその動詞の "主語の役割" をしています。
下の文では、whom のあとに〈主語＋動詞〉の形 (Mary loves) が
きています。whom はその動詞の "目的語の役割" をしています。

POINT 1 関係代名詞の **whom** ではじまる〈whom ＋主語＋動詞…〉の形の節は、"人" を表す名詞を後ろから修飾し、「A（主語）が〜する人」という意味を表します。この **whom** はしばしば省略されます。

The people **(whom) she met in the village** were very nice.

彼女がその村で会った人たちはとても親切でした。〈whom は動詞 met の目的語〉

He is the man **(whom) I saw at the accident scene**.

彼は私が事故現場で見た男の人です。〈whom は動詞 saw の目的語〉

●話しことばでは、whom の代わりに that（→ STEP 177）や who がよく使われます。

POINT 2 関係代名詞の **whom** は、節 (whom ＋主語＋動詞…) の中で動詞の "目的語の役割" をします。このような関係代名詞を「目的格の関係代名詞」といいます。

The teacher **(whom) I like the best** is Ms. Smith.

私がいちばん好きな先生はスミス先生です。〈先行詞は teacher〉

He is a person **(whom) I have wanted to meet**.

彼は私が（ずっと）会いたいと思っていた人です。〈先行詞は person〉

●この文では whom は wanted ではなく meet の目的語の役割をしています。

NOTE

目的語はふつう〈主語＋動詞〉のあとにきますが、目的語の役割をする関係代名詞は〈主語＋動詞〉の "前" にきて、修飾される語（先行詞）とつなぐはたらきをします。

I met **the man** yesterday.　私はきのうその男の人に会った。
主語＋動詞　　目的語

That is the man **(whom)** I met yesterday.　あれが私がきのう会った男の人です。
　　　　　　　目的語　　主語＋動詞

2 形容詞のはたらきをする節 (2) which

STEP 175

This is the boy **who won the prize.** →STEP 173

これが**その賞をとった**少年です。

This is the book **which won the prize.**

これが**その賞をとった**本です。

上の文では、the boy を who won the prize が修飾しています。"人" を修飾するので who が使われています。
下の文では、the book を which won the prize が修飾しています。"もの" を修飾するので、who ではなく which が使われています。

POINT 1 関係代名詞の **which** ではじまる 〈**which** ＋動詞…〉の形の節は、"もの" を表す名詞を後ろから修飾し、「〜するもの」という意味を表します。なお、"動物" を修飾するときも **which** を使います。

The dog **which bit me** was black.

私をかんだ犬は黒かった。〈which は動詞 bit の主語〉

She has a lovely smile **which makes us happy**.

彼女は**私たちを幸せにする**すてきな笑顔をもっている。〈which は動詞 makes の主語〉

●この which ではじまる節も、"形容詞のはたらきをする節"（＝形容詞節）です。

POINT 2 この **which** は、節 (**which** ＋動詞…) の中で "主語の役割" をする「主格の関係代名詞」です。先行詞が "もの" や "動物" のときに使います。

We visited a new museum **which opened last month**.

私たちは**先月オープンした**新しい博物館を訪れた。〈先行詞は museum〉

I don't like dogs **which are always barking**.

私は**いつもほえてばかりいる**犬は好きではない。〈先行詞は dogs〉

●主格の関係代名詞のあとには動詞（または助動詞）が
くるということを確認しておきましょう。

NOTE

名詞を "後ろから" 修飾する形というのは、「句」の学習のところでもいろいろ見てきましたが（→STEP 136〜139）、関係代名詞の「節」も、名詞を後ろから修飾します。日本語と表現のしくみが大きくちがう点なので、これを理解するだけでなく、"慣れる" ことが重要です。

Check! `175` `176`

STEP 176

This is the book **which won the prize**.　→ `STEP 175`

これが**その賞をとった**本です。

This is the book **which I bought yesterday**.

これが**私がきのう買った**本です。

上の文では、関係代名詞 which のあとに動詞（won）がきています。
which はその動詞の "主語の役割" をしています。
下の文では、which のあとに〈主語＋動詞〉（I bought）がきています。
which はその動詞の "目的語の役割" をしています。

POINT 1　関係代名詞の **which** ではじまる〈**which** ＋主語＋動詞…〉の形の節は、"もの" を表す名詞を後ろから修飾し、「**A**（主語）が〜するもの」という意味を表します。この **which** はしばしば省略されます。

The movie **(which) I saw last night** was really exciting.

私がきのうの夜見た映画はすごくおもしろかった。〈which は動詞 saw の目的語〉

We live in the old house **(which) our grandfather built**.

私たちは**祖父が建てた**古い家に住んでいる。〈which は動詞 built の目的語〉

● which が省略されると〈主語＋動詞…〉の形の節が、直前の名詞を修飾することになります。このような節を「接触節」と呼ぶこともあります。

POINT 2　この **which** は、節（**which** ＋主語＋動詞…）の中で動詞の "目的語の役割" をする「目的格の関係代名詞」です。

The test **(which) I took yesterday** was very difficult.

私がきのう受けたテストはとてもむずかしかった。〈先行詞は test〉

This is the cat **(which) you gave me two years ago**.

これは**2 年前にあなたが私にくれた**ネコです。〈先行詞は cat〉

● "もの・動物" を先行詞とする関係代名詞は、主格も目的格も which です。

N O T E

目的格で使う関係代名詞 which はしばしば省略されますが、主格で使う which は省略できません。なお、主格・目的格ともに、which の代わりに関係代名詞の that（→ `STEP 177`）もよく使われます。

215

3 注意すべき関係代名詞

3年

STEP 177

Science is a subject **which interests him**. → STEP 175

理科は**彼の興味をひく**科目です。

Science is **the only** subject **that interests him**.

理科は**彼の興味をひくただ1つの**科目です。

上の文では、which ではじまる関係代名詞の節が subject を修飾していますが、下の文では、that ではじまる関係代名詞の節が subject を修飾しています。下の文のように、先行詞（subject）の前に the only がついているときは、that がよく使われます。

POINT 1 関係代名詞の **that** は、先行詞が"人・もの・動物"どの場合にも使え、主格・目的格どちらの関係代名詞にもなります。

This is the song **that made him famous**.

これが**彼を有名にした**歌です。〈この that は主格〉

I've lost the book **(that) you lent me**.

私は**あなたが貸してくれた**本をなくしてしまった。〈この that は省略できる〉

●関係代名詞の that は who, whom, which のどの代わりにもなりますが、先行詞が"人"で"主格"のときは、ふつう who を使います。

POINT 2 先行詞に次のような修飾語句がつくときは、**that** がよく使われます。これを「**that の特別用法**」といいます。

① the first などの序数、the last, the only ② 最上級の形容詞 ③ all, every

The first movie **(that) I saw** was *Snow White*.

私が**初めて見た**映画は『白雪姫』でした。〈この that は省略できる〉

He is **the funniest** man **(that) I've ever met**.

彼は**私がいままでに会ったいちばんおもしろい**人です。〈この that は省略できる〉

All the people **that came** enjoyed the show.

来たすべての人たちはそのショーを楽しんだ。〈that の代わりに who もよく使う〉

NOTE ....

先行詞が all や -thing でおわる語のときも、しばしば that が使われます。また、先行詞が〈人＋動物（もの）〉のときも、ふつう that を使います。なお、先行詞が"人"で"主格"の場合、all などがついていても、しばしば who が使われます。

Check! [177] [178]

STEP 178

I have a friend **who lives in Canada**. → STEP 173
私には**カナダに住んでいる**友人がいます。

I have a friend **whose uncle lives in Canada**.
私には**おじさんがカナダに住んでいる**友人がいます。

上の文の who は、who ではじまる節 の中で"主語の役割"をしています。下の文の whose は、uncle にかかる"所有格（〜の）の役割"をしています。（ただし、whose uncle は、whose ではじまる節の中で"主語の役割"をしています。）

POINT 1　whose は"所有格のはたらき"をする関係代名詞で、〈whose ＋名詞〉の形で使います。〈whose ＋名詞〉ではじまる節は、"人・もの・動物"を表す名詞を後ろから修飾します。

That is the girl **whose father is a famous actor**.

あれは**父親が有名な俳優の**（＝有名な俳優を父親にもつ）女の子です。

It is an exciting movie **whose ending you can't guess**.

それは**結末が見当もつかない**わくわくする映画です。

● whose は"人"だけでなく"もの・動物"に対しても使えます。

POINT 2　ここまでに習った関係代名詞のまとめをしておきましょう。ポイントは、①先行詞は何か、②関係代名詞ではじまる節の中で主語・目的語・所有格のどの役割をするか、の2点です。

格	人	もの・動物	あとにくる語句	省略
主 格	who that	which that	動詞	できない
目的格	whom that	which that	主語＋動詞	できる
所有格	whose	whose	名詞	できない

●話しことばでは、目的格の whom はふつう使われず、省略するか、that や who を使います。

NOTE

関係代名詞は、あとにつづく語句といっしょになって節（＝文の形）をつくり、その節全体で先行詞（ふつう関係代名詞のすぐ前にある名詞）を修飾します。このことをしっかりと確認しておきましょう。

4 さまざまな書きかえ

STEP 179

I have an aunt. **She** lives in Kyoto.
➡ STEP 11
私にはおばがいます。**彼女は**京都に住んでいます。

I have an aunt **who** lives in Kyoto.
私には京都に住んでいるおばがいます。

上には2つの文が示されています。2つめの文の代名詞 She は、最初の文の an aunt を受けています。
下の文は、上の2つの文の内容を1つにまとめたものです。2つの文を "つなぐ" はたらきをしているのが、関係代名詞の who です。

POINT 1　関係代名詞には、"代名詞" のはたらきと、"つなぐ" はたらきがあるので、代名詞を関係代名詞に変えて、2つの文を1つの文に書きかえることができます。

┌ I know a girl. **She** can dance very well.
│　私は1人の女の子を知っている。**彼女は**とてもじょうずに踊ることができる。
└→ I know a girl **who** can dance very well.
　　私はとてもじょうずに踊ることができる女の子を知っている。

┌ The man is American. **He** teaches us English.
│　その男の人はアメリカ人です。**彼は**私たちに英語を教えています。
└→ The man **who** teaches us English is American.
　　私たちに英語を教えている男の人はアメリカ人です。

●どちらも、"主格" の代名詞を "主格" の関係代名詞に変えて
1つの文に書きかえた例です。

POINT 2　"目的格" の代名詞を "目的格" の関係代名詞に変えて、2つの文を1つの文に書きかえることもできます。

┌ The book was very interesting. I read **it** yesterday.
│　その本はとてもおもしろかった。私は**それを**きのう読んだ。
└→ The book (**which**) I read yesterday was very interesting.
　　私がきのう読んだ本はとてもおもしろかった。

NOTE ....

2つに分かれた文と関係代名詞の文とを比べてみると、関係代名詞のはたらき（= "代名詞" のはたらきと、すぐ前の名詞に "つなぐ" はたらき）がよくわかります。

Check! 179 180

STEP 180

We stayed at a hotel **with hot springs**. → STEP 139

私たちは**温泉のある**ホテルに泊まった。

We stayed at a hotel **which had hot springs**.

私たちは**温泉のある**ホテルに泊まった。

上の文では、with hot springs（温泉のある）という前置詞の句が、形容詞のはたらきをして、すぐ前の名詞 hotel を修飾しています。
下の文では、which had hot springs（温泉のある）という関係代名詞の節が、形容詞のはたらきをして、hotel を修飾しています。

POINT 1　関係代名詞の節には、"形容詞のはたらき"があるので、そのはたらきを利用して、形容詞の意味を関係代名詞の節を使って表すことができます。

┌ **My favorite** movie is Disney's *Frozen*.
└→ The movie **(which) I like the best** is Disney's *Frozen*.

　私がいちばん好きな映画はディズニーの『アナと雪の女王』です。

●形容詞の favorite（いちばん好きな）の意味を関係代名詞の節で表しています。

POINT 2　同じようにして、"形容詞のはたらき"をする句（→ STEP 135～139）の意味を、関係代名詞の節（="形容詞のはたらき"をする節）を使って表すことができます。

┌ The man **talking to Mary** is her father.
└→ The man **who is talking to Mary** is her father.

　メアリーと話をしている男の人は彼女の父親です。

●現在分詞の句 talking to Mary の意味を関係代名詞の節で表しています。

┌ These are pictures **taken during our stay in Kyoto**.
└→ These are pictures **which were taken during our stay in Kyoto**.

　これらは**私たちが京都に滞在しているあいだに撮られた**写真です。

●過去分詞の句 taken during ～の意味を関係代名詞の節で表しています。

NOTE

それぞれの2つの文を比べてみると、関係代名詞の節のはたらき（＝形容詞のはたらき）がよくわかります。このように、書きかえをしてみることで、「関係代名詞」や「関係代名詞がつくる節」に対する理解を深めることができます。

5 関係代名詞の発展学習

STEP **181**

This is the house.　She lives **in it**. ➡ STEP 140

これがその家です。彼女は**それの中に**（＝そこに）住んでいます。

This is the house **which** she lives **in**.

これが彼女が住んでいる家です。〈which は省略可能〉

上の文の in it の it は、前置詞の目的語で、目的格の代名詞です。下の文は、その代名詞 it を関係代名詞 which に変えて、2つの文を1つにしたものです。which は、which ではじまる節の中で in の目的語の役割をすると同時に、その節を house に "つないで" います。

POINT 1　目的格の関係代名詞の **which** や **whom** は、それらではじまる節の中で "前置詞の目的語の役割" をすることもあります。

The town **(which) we live in** is very large.

私たちが住んでいる町はとても大きい。〈which は前置詞 in の目的語〉

The boy **(whom) I played tennis with** is my cousin.

私がいっしょにテニスをした少年は私のいとこです。〈whom は前置詞 with の目的語〉

This is the book **(which) I have been looking for**.

これは**私が（ずっと）探していた**本です。〈which は前置詞 for の目的語〉

●目的格の関係代名詞はしばしば省略されます。

POINT 2　目的格の関係代名詞が "前置詞の目的語" の役割をするときは、その前置詞が関係代名詞の前に出て〈前置詞＋関係代名詞〉の形になることがあります。

The town **in which we live** is very large.

私たちが住んでいる町はとても大きい。

The boy **with whom I played tennis** is my cousin.

私がいっしょにテニスをした少年は私のいとこです。

●前置詞が前につくときは、関係代名詞は省略できません。

NOTE ....

関係代名詞 that も "前置詞の目的語の役割" をすることがあります。ただし、〈前置詞＋関係代名詞〉の形で使うことはできません。

This is the hotel **(that) we stayed at last summer**.

これは**私たちが去年の夏に滞在した**ホテルです。〈at that の形にはできない〉

Check! 181 182

STEP 182

This is the bike **which I have wanted**. → STEP 176

これは**私が（ずっと）ほしかった**自転車です。

This is **what I have wanted**.

これは**私が（ずっと）ほしかったもの**です。

上の文では、which I have wanted という節が、"形容詞のはたらき"をして、bike を修飾しています。
下の文では、what I have wanted という節が "名詞のはたらき"をして、「私が（ずっと）ほしかったもの」という意味を表しています。

POINT 1 これまで見てきた関係代名詞の節は "形容詞のはたらき" をしていましたが、"名詞のはたらき" をする関係代名詞の節もあります。**what** ではじまる節です。「～するもの」「～すること」という意味を表します。

What he said was not true.

彼が言ったことは本当ではなかった。

We often see only **what we want to see**.

私たちはしばしば**自分が見たいもの**だけを見る。

● 関係代名詞の what には、修飾するべき名詞（＝先行詞）はありません。言いかえると、what は「もの、こと」(thing) という先行詞をふくんだ関係代名詞なのです。

POINT 2 関係代名詞の **what** ではじまる節（＝名詞節）は、文の中で、主語・目的語・補語などになることができます。

What is needed now is a quick judgment.

いま必要とされているものはすばやい判断です。〈What ～ は文の主語〉

Please show me **what you bought**.

あなたが買ったものを見せてください。

〈what ～ は動詞 show の直接目的語〉

N O T E

関係代名詞 what にふくまれている先行詞は「もの、こと」(thing) です。それ以外の先行詞をふくむことはできません。次の 2 つを比べてみましょう。

① the **book** which I bought　私が買った**本**〈先行詞は book〉

② the **thing** which I bought　私が買った**もの**〈先行詞は thing〉

2 つのうち、what I bought で書きかえられるのは、先行詞が thing（もの）の②だけです。

221

読解力をつけよう！

次の文の日本語訳を完成させましょう。

1 Nancy is an American girl who is studying in Japan.
日本語訳：ナンシーは _____ アメリカ人の女の子です。

関係代名詞は、それがどういうものかを"知る"だけでなく、"慣れる"こともたいせつです。ここで、いくつかの実例に接してみましょう。読解力をつけるためには、ぜひとも関係代名詞による後ろからの修飾に慣れる必要があります。上の例では、who is 〜（主格の関係代名詞 who ではじまる節）が girl を修飾しています。

▲上の文の日本語訳は次のようになります ☞ ナンシーは**日本で勉強している**アメリカ人の女の子です。

2 She sent me a book which was written in English.
日本語訳：彼女は私に _____ 本を送ってくれた。

この文では、which was 〜（主格の関係代名詞 which ではじまる節）が book を修飾しています。先行詞が"もの"なので、who ではなく which が使われています。which 以下が受け身の表現になっていることにも注意しましょう。

▲上の文の日本語訳は次のようになります ☞ 彼女は私に**英語で書かれた**本を送ってくれた。

3 The people he met in the village were very kind.
日本語訳：彼が _____ はとても親切だった。

この文は、どこまでが主語かわからないと、とんでもない訳になってしまいます。この文では、The people を関係代名詞の節 (he met in the village) が修飾して、それ全体が主語となっています。関係代名詞 (目的格) が省略されているため、わかりにくいかもしれません。しかし、目的格の関係代名詞は省略されるほうがふつうなので、それに"慣れる"こともたいせつです。

▲上の文の日本語訳は次のようになります ☞ 彼が**その村で会った人たち**はとても親切だった。

4 Something he said surprised her very much.
日本語訳： _____ 彼女をとてもおどろかせた。

"said surprised" と過去形の動詞がつづくので、とまどってしまう人がいるかもしれません。この文でも、文頭の Something を関係代名詞の節 (he said) が修飾しています。つまり、Something he said までが主語で、それに対する動詞が surprised であるために、過去形の動詞がつづいてしまったのです。

▲上の文の日本語訳は次のようになります ☞ **彼が言った何か**（＝言ったこと）**が**彼女をとてもおどろかせた。

15

仮定法と発展学習

STEP 183 ～ STEP 192

ここまで、〈文のしくみ〉の章で見た "基本的な要素" が、さまざまに変化したり、枝分かれしたり、ふくらんだりして、ゆたかな表現ができるようになるのを見てきました。
最後の章では、高校英語へ進むための橋渡しとして、まず「仮定法」の基礎をしっかりと学習します。さらに、「付加疑問」「話法」などについても、その基本を学んでおくことにより、次の段階の英語学習へとつなげていきましょう。

1 事実に反する仮定　仮定法 (1)

3年

STEP 183

I **had** a car.

➡ STEP 22

私は車を**もっていた**。

If I **had** a car, I would drive you to the station.

もしも私が車を**もっていたら**、あなたを駅まで乗せていってあげるのだが。

上の文の過去形の動詞 had は、「（車を）もっていた」という単なる "過去の事実" を表しています。
下の文の had は、「（実際はもっていないのに）もっていたら」という "現在の事実に反する仮定" を表しています。

POINT 1　接続詞の **if**（もしも…なら）のあとにくる動詞の過去形は、しばしば "現在の事実に反する仮定" を表します。そして、"その仮定からみちびかれる帰結" を表すのに、助動詞（**will** や **can**）の過去形を使います。

If you **knew** him well, you **would like** him.
　もしもあなたが彼をよく**知っていたら**、あなたは彼を**好きになるだろうに**。

If he **practiced** harder, he **could get** a gold medal.
　もしも彼がもっと熱心に**練習したら**、金メダルだって**取れるのに**。

● would は will（〜だろう）の、could は can（〜できる）の過去形です。

POINT 2　動詞や助動詞の「過去形」を使って "現在の事実に反する仮定（とその帰結）" を表すことを「仮定法過去」といいます。仮定法過去の文で、**if** のあとに **be** 動詞がくる場合は、ふつう **were** を使います。

If I **were** you, I **would accept** the offer.
　もしも私があなた**だったら**、その申し出を**受け入れるだろうに**。

●主語が I や he, she などでも、be 動詞は were を使います。

What **would** you **do if** you **were left** alone in a forest?
　もしも森の中でひとり**置き去りにされたら**、あなたはどう**しますか**。

●仮定を表す if の節（= if 節）が文の後ろにくることもあります。

NOTE

仮定法過去の文の if 節の中で、助動詞 can の過去形 could を使うこともできます。動詞の過去形の場合と同じで、"現在の事実に反する仮定" を表します。

If I **could play** the guitar, I **would start** a rock band.
　もしも私がギターを**ひくことができたら**、ロックバンドを**はじめるだろうに**。

Check! 183 184

STEP 184

If you **have** any advice, please tell me.

→ STEP 164

もし何かアドバイスが**あるなら**、（私に）教えてください。

If you **had** any sense, you wouldn't do that.

もしもあなたに分別が**あったら**、そんなことはしないだろうに。

上の文の If you have ～ は、単なる"条件"（～があるなら）を表しています。動詞 have は現在形です。下の文の If you had ～ は、"現在の事実に反する仮定"（本当はないのだが、もしも～があったら）を表しています。動詞 had は過去形です。

POINT 1 仮定法とは、話者の中で"事実に反している"ことが前提となっている表現です。単なる"条件"を表す表現には、そのような前提はありません。

If she **loves** him, she **will marry** him.
　もし彼を愛しているなら、彼女は彼と**結婚するだろう**。〈If 節は"条件"を表す〉
If she **loved** him, she **would marry** him.
　もしも彼を愛していたら、彼女は彼と**結婚するだろうに**。〈仮定法の文〉

●下の文では、話者の中で"彼女が彼を愛していないこと"が前提となっています。

POINT 2 "事実に反する仮定"を if 節以外のもので表すこともあります。これについては高校でくわしく学習しますが、ここでは without を使った句と、主語そのものが"事実に反する仮定"を表す例を見ておきましょう。

Without your help, I wouldn't be able to finish the job.
　（もしも）あなたの助けが**なかったら**、私はその仕事をおえることができないだろう。

●この文では、Without your help が If you didn't help me と同じ意味を表しています。

An ordinary person wouldn't do such a thing.
　ふつうの人は（＝**なら**）、そんなことはしないだろう。

●この文では主語に仮定（＝もしもふつうの人だったら）がふくまれています。

NOTE

"事実に反する仮定"といっても、「私があなただったら」のように明らかに事実に反する仮定もあれば、「あなたに分別があったら」のように話者の主観の中だけの仮定もあります。仮定法の表現にはそのような"幅"があることも知っておきましょう。

2 事実に反する願望　仮定法 (2)

STEP 185

If I **had** wings, I **would** fly around the world.　➡ STEP 183

もしも私に翼が**あったら**、（私は）世界中を飛びまわるだろうに。

If only I **had** wings!

私に翼が**ありさえしたら**（＝あったらなあ）。

上の文の If 節は、「もしも私に翼があったら」という "現在の事実に反する仮定" を表しています。
下の文には、**If only** ではじまる "仮定" しかありません。そして、その "仮定" がそのまま "願望" を表しています。

POINT 1　仮定法の表現では、"現在の事実に反する仮定" を **if** 節で表しますが、その "仮定" を表す部分が独立し、〈**If only** 〜〉の形で "現在の事実に反する願望" を表すことがあります。

If only he **were** here with me!

彼がいっしょにここに**いてくれさえしたら**（＝いてくれたらなあ）。

If only I **could** see her again!

もう１度彼女に会うこと**さえできたら**（＝会えたらなあ）。

POINT 2　上とは反対に "仮定" を表す部分がなくて、"帰結" を表す部分だけが独立したような表現もあります。そうした表現は、しばしば "ひかえめな表現" や "ていねいな表現" として使われます。（➡ STEP 40 ）

I **would like to** meet your parents.

あなたのご両親にお会い**したいのですが**。

Would you sing a song for us? — Sure.

私たちのために１曲歌っ**ていただけませんか**。— いいですよ。

●こうした表現には、「もしも差しつかえないなら」などといった "仮定" の意味がかくれていると考えられます。それによって表現がひかえめになっています。

NOTE

would like to 〜（〜したい）は、want to 〜をていねいにした慣用表現です。また、want 〜（〜がほしい）をていねいにした would like 〜という言い方もあります。

I **would like** another cup of coffee.

コーヒーをもう１杯**いただきたいのですが**。

Check! 185 186

STEP 186

If only I **had** my own room!
自分の部屋が**ありさえしたら**（＝**あったらなあ**）。

➡ STEP 185

I wish I **had** my own room.
自分の部屋が**あったらいいのになあ**。

上の文では、If only 〜（〜でありさえしたら）が "現在の事実に反する願望" を表しています。下の文では、同様の意味を、I wish 〜（私は〜であればいいのにと思う）の形で表しています。
どちらの形も、あとにくる動詞は過去形（had）になっています。

POINT 1 〈**I wish** ＋主語＋過去形（動詞・助動詞）…〉の形でも、"現在の事実に反する願望"（〜だといいのだけど）を表すことができます。これも「仮定法過去」の表現の１つで、動詞や助動詞は過去形にします。

I wish I **could** play soccer like him.
彼のようにサッカーをすることが**できたらいいのになあ**。

I wish there **were** no nuclear weapons.
核兵器<ruby>核兵器<rt>かくへいき</rt></ruby>なんて（この世に）なかっ**たらいいのに**。

● there は主語ではありませんが、主語と同じようにあつかいます。

POINT 2 **I wish** 〜 は、**I hope** 〜 などとはちがい、単なる望みを表すときには使いません。"非現実的" な願望を表すときの表現です。

⌐ **I hope** I **can** see him again.
　 もう１度彼に会え**ることを願っています**。
└ **I wish** I **could** see him again.
　 もう１度彼に会え**たらいいのになあ**。

●下の文は、「彼」が亡くなるか手の届かないところに行くなどして、もう会えないということが前提となっている場合の言い方です。

NOTE
．．．
「仮定法」というと、むずかしそうに聞こえますが、基本のルールは単純です。過去形を使って現在の事実に反する仮定や願望を表す、というものです。仮定法の学習は高校へ行ってからもつづきますが、ここまでの内容をしっかり理解しておけば困ることはないでしょう。

3 付加疑問のつくり方

発展学習

STEP 187

Are you hungry? — Yes, I am.　→ STEP 20

あなたはおなかがすいて**いますか**。 — はい、すいています。

You are hungry, **aren't you**? — Yes, I am.

あなたはおなかがすいて**いますよね**。 — はい、すいています。

上の文は、be動詞の疑問文で、Are you ではじまっています。
下の文は、はじまりは be動詞のふつうの文（You are hungry）で
すが、最後に"疑問文の出だし"のようなものがついています。ただし、
それは are you? ではなく、aren't you? と"否定形"になっています。

POINT 1　「〜ですね」と、"念をおす"ときや"同意を求める"ときに文末に付け加
える疑問の形式を「付加疑問」といいます。肯定文には否定形の付加疑
問をつけます。be動詞では次のようになります。

You are tired, **aren't you**? — No, I'm not.
あなたはつかれて**いますよね**。 — いいえ、つかれていません。
His sister is very kind, **isn't she**? — Yes, she is.
彼のお姉さんはとても親切**だよね**。 — うん、そうだね。
That movie was wonderful, **wasn't it**?　— No, it wasn't.
あの映画はすばらし**かったよね**。 — いや、そんなことはなかった。

● be動詞の肯定文の後ろには、〈be動詞＋not〉の短縮形を使った否定形の付加疑問をつ
けます。付加疑問の前にはコンマ（ , ）をつけます。

POINT 2　助動詞の文に対しては、助動詞を使って付加疑問をつくります。なお、
付加疑問ではかならず人称代名詞（he, she など）を使います。

Kate can speak Japanese, **can't she**? — Yes, she can.
ケイトは日本語を話**せますよね**。 — ええ、話せます。
He will come with us, **won't he**? — Yes, he will.
彼は私たちといっしょに来**ますよね**。 — ええ、来ます。

NOTE

付加疑問は、念をおすときや同意を求めるときは尻下がりに発音します。尻上がりに発音
すると、ふつうの疑問文とほとんど同じ意味になります。

┌ He is a good teacher, **isn't he**? （↘）　彼はいい先生**ですよね**。
└ He is a good teacher, **isn't he**? （↗）　彼はいい先生**ですかね**。

Check! 187　188

発展学習

STEP 188

Do you play tennis? — Yes, I do.　　　→ STEP 19
あなたはテニスを**しますか**。— はい、します。

You play tennis, **don't you**? — Yes, I do.
あなたはテニスを**しますよね**。— はい、します。

上の文は、一般動詞の疑問文で、Do you ではじまっています。
下の文は、はじまりは一般動詞のふつうの文（You play tennis）で
すが、最後に"疑問文の出だし"のようなものがついています。ただし、
それは do you? ではなく、don't you? と "否定形" になっています。

POINT 1　一般動詞の場合も、肯定文に対しては **don't, doesn't, didn't** を使っ
て否定形の付加疑問をつけます。

You know John, **don't you**? — No, I don't.
　あなたはジョンを知っています**よね**。— いいえ、知りません。
Kate likes sweets, **doesn't she**? — Yes, she does.
　ケイトはあまいものが好きです**よね**。— はい、好きです。
Tom won first prize, **didn't he**? — Yes, he did.
　トムが1等賞をとったんです**よね**。— はい、とりました。
●答えるときは、ふつうの疑問文に対するときと同じようにします。

POINT 2　否定文に付加疑問をつけるときは、肯定形の付加疑問をつけます。これ
は **be** 動詞でも一般動詞でも同じです。

You aren't busy, **are you**? — Yes, I am.
　あなたはいそがしく**ないですよね**。— いいえ、いそがしいです。
Mary didn't come, **did she**? — No, she didn't.
　メアリーは来**ませんでしたよね**。— はい、来ませんでした。

NOTE

否定文に肯定形の付加疑問がつくときは、答え方に注意が必要です。日本語で「はい」の
ときは No で答え、「いいえ」のときは Yes で答えます。
You don't know John, **do you**? — **No**, I don't. / **Yes**, I do.
　あなたはジョンを知り**ませんよね**。— **はい**、知りません。 / **いいえ**、知っています。
● No は後ろに否定の形（I don't）がくることを表し、Yes は後ろに肯定の形（I do）が
　くることを表しています。

229

4 直接話法と間接話法

発展学習

STEP 189

He said, "I am busy."

彼は「私はいそがしい」と言った。

He said **that he was busy.** → STEP 168

彼は**自分**（＝彼）**は**いそがしいと言った。

上の文では、動詞 said（言った）の目的語が、"I am busy." というように、" " で示されています。
下の文では、said の目的語が that ～ で示されています。that ～ の中の主語や動詞が上の " " の中とちがっている点に注目しましょう。

POINT 1 人が言ったことを伝えるには、2つのやり方があります。

① **直接話法**：人が言ったことばをそのまま " "（引用符）で囲って表す。
② **間接話法**：" " を使わず、that の節（→ STEP 167）などを使って表す。

┌ She said, "He is very kind."

　彼女は「**彼はとても親切です**」と言った。

└ She said **(that) he was very kind.**

　彼女は**彼はとても親切だ**と言った。〈that は省略できる〉

● " " の中の文は、ふつうの文と同じように、最初の単語を大文字ではじめます。

POINT 2 直接話法から間接話法へ書きかえるときの基本的なポイント。

① " " の中の主語が I, we, you のときは、話者に合わせて適当なものに変える。
② " " の中の動詞や助動詞は、「時制の一致」にしたがって過去形などに変える。

┌ He said, "**We are** very happy."

　彼は「私たちはとても幸せです」と言った。

└ He said (that) **they were** very happy.

　彼は自分たち（＝彼ら）はとても幸せだと言った。

┌ You said, "**I love** *this* picture."

　あなたは「私はこの絵が大好きです」と言った。

└ You said (that) **you loved** *that* picture.

　あなたは自分（＝あなた）はその絵が大好きだと言った。

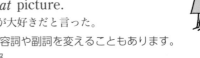

● this ⇒ that のように、必要に応じて形容詞や副詞を変えることもあります。
　「時制の一致」については STEP 168 を参照。

Check! 189 190

STEP 190

He **said to** me, "**Are you busy?**"
彼は私に「**あなたはいそがしいですか**」と言った。

He **asked** me **if I was busy.** ➡ STEP 172
彼は私に**いそがしいかどうかたずねた。**

 上は直接話法の文ですが、" "の中が疑問文になっています。下は、上の文を間接話法に書きかえたものです。" "の前が said to から asked に変わり、"Are you 〜?"が if I was 〜 となっています。この if は「〜かどうか」の意味です（➡ STEP 172 ）。

POINT 1 直接話法から間接話法へ書きかえるとき、" "の前が **said to me** などとなっているときは、ふつう〈**told me (that)〜**〉のようにします。

┌ He **said to her**, "I will go with you."
│　彼は彼女に「私はあなたといっしょに行きます」と言った。
└➤ He **told her (that)** he would go with her.
　　彼は彼女に（自分は彼女と）いっしょに行くと言った。〈would：will の過去形〉

● " "の中の will は、間接話法では「時制の一致」で would になります。

POINT 2 " "の中が疑問文のときの書きかえのポイント。

① ふつうの疑問文のときは〈asked me if 〜〉などとする。
② 疑問詞ではじまる疑問文のときは、〈asked me ＋間接疑問〉のようにする。

┌ She said to him, "Are you hungry?"
│　彼女は彼に「あなたはおなかがすいていますか」と言った。
└➤ She **asked** him **if he was hungry**.
　　彼女は彼に（彼が）**おなかがすいているかどうかたずねた。**

● if の代わりに whether も使えます。

┌ I said to him, "What do you want to do?"
│　私は彼に「あなたは何がしたいのですか」と言った。
└➤ I **asked** him **what he wanted to do**.
　　私は彼に**何がしたいのかたずねた。**

NOTE

間接話法では、前に学習した"名詞節"（that や if の節、間接疑問の節）の知識が必要になります。自信のない人はしっかり復習しておきましょう。➡ STEP 167〜172

5 知覚動詞と使役動詞

STEP 191

I **saw** her **stand** up from the bench. →STEP 151
私は彼女がベンチから立ち上がるのを見た。

I **saw** her **standing** on the platform.
私は彼女がプラットホームに立っているのを見た。

2つの文は、どちらも"私が彼女の動作を見た"という文ですが、上の文は、「立ち上がる」という動作の"全体"を「見た」という意味です。下の文は、「立っている」という動作の"一部"（はじまりからおわりまでではない）を「見た」という意味です。

POINT 1 **see**（見る）、**hear**（聞く）、**feel**（感じる）などの"知覚を表す動詞"は、あとに〈目的語＋〜ing〉がきて「…が〜しているのを見る〔聞く・感じる〕」などの意味を表すことがあります。

I **heard** him **playing** the guitar.
私は彼がギターをひいているのを聞いた。

I **felt** my heart **beating** fast.
私は心臓が速く鼓動している（＝ドキドキしている）のを感じた。

●ほかに watch（見る）、look at（見る）、listen to（聞く）なども"知覚動詞"として使うことができます。

POINT 2 "知覚を表す動詞"のあとには、〈目的語＋過去分詞〉がきて「…が〜されるのを見る〔聞く・感じる〕」などの意味を表すこともあります。

I **saw** him **cheered** by the audience.
私は彼が観客から喝采される（＝喝采をあびる）のを見た。

I **heard** my name **called**.
私は自分の名前が呼ばれるのを聞いた。

I **felt** myself **pushed** by someone.
私は自分がだれかに押されるのを感じた。

NOTE

"知覚を表す動詞"のあとに〈目的語＋動詞の原形〉がくる形（→STEP 151）は、動作の"全体"（瞬間的な動作もふくむ）を見たり聞いたりしたときに使います。

I **heard** something **hit** my car.
私は何かが私の車にぶつかるのを聞いた。

Check! 191 192

STEP 192

The teacher **made** him **tell** the truth. → STEP 150

先生は彼に本当のことを**言わせた**。

The teacher **had** him **talk** about his dreams.

先生は彼に自分の夢について**語らせた**（＝**語ってもらった**）。

上の文の動詞 made は、あとに〈目的語（him）＋動詞の原形（tell）〉がきて、「彼に言わせた」という意味を表しています。下の文の動詞 had は、あとに〈目的語（him）＋動詞の原形（talk）〉がきて、「彼に語らせた（＝語ってもらった）」という意味を表しています。

POINT 1 動詞 **have** のあとに〈目的語＋動詞の原形〉がきて、「…に～させる」「…に～してもらう」という "使役" の意味を表すことがあります。

I'll **have** him **call** you later.

（私は）あとで彼に（あなたに）**電話をさせます**。

I **had** him **show** me around the town.

私は彼にその町のあちこちを**案内してもらった**。

● この have には特に "強制" の意味はふくまれていません。日本語にするときは、使われる場面に応じて「…に～させる」「…に～してもらう」などと訳し分けましょう。

POINT 2 動詞 **have** のあとに〈目的語＋過去分詞〉がきて、「…を～される」「…を～してもらう」などの意味を表すことがあります。

I **had** my bag **stolen** on the train.

私は電車でバッグを**ぬすまれた**。〈バッグ＝ぬすまれた〉

I **had** my bike **repaired** by Jim.

私はジムに自転車を**なおしてもらった**。〈自転車＝修理された〉

● 上のどちらの文も、目的語と過去分詞は "受け身" の関係にありますが、それが "好ましいこと" か "好ましくないこと" かで、訳し方がちがってきます。

NOTE

make と let と have の３つの動詞は、あとに〈目的語＋動詞の原形〉がきて「～させる」という "使役" の意味を表しますが、同じ「～させる」でもニュアンスは異なるので注意が必要です。→ STEP 150

The teacher **let** him **speak** freely.　先生は彼に自由に**しゃべらせた**。

ここでつまずかないように！

次の文のまちがいを見つけましょう。

1 ## What would you do if you are God?
もしも自分が神さまだとしたら、あなたは何をしますか。

「自分が神さまだとしたら」というのは、現実的な条件を表しているのではなく、非現実的な（＝事実に反する）仮定を表しています。このような場合は、"仮定法"という表現法を使う必要があります。仮定法では、if節の動詞 are は過去形の were にしなくてはなりません。

▲上の文は正しくは
次のようになります ☞ **What would you do if you were God?**

2 ## I wish I can talk to animals.
動物と話ができたらいいのになあ。

I wish ではじまっているので、これは "現在の事実に反する願望" を表す仮定法の表現だとわかります。そのような表現にするためには、I wish のあとの動詞あるいは助動詞を「過去形」にしなくてはなりません。ここでは、"可能・能力"を表す助動詞 can を過去形の could にする必要があります。

▲上の文は正しくは
次のようになります ☞ **I wish I could talk to animals.**

3 ## You have a bike, aren't you?
あなたは自転車をもっていますよね。

付加疑問では、このようなまちがいがよく見られます。一般動詞の文に be動詞の付加疑問をつけてしまうのです。最初に be動詞の付加疑問ばかり練習すると、ついこのようにしてしまいます。be動詞の付加疑問をつけるのは、be動詞の文に対してだけです。

▲上の文は正しくは
次のようになります ☞ **You have a bike, don't you?**

4 ## I saw him to walk with a girl.
私は彼が女の子と歩いているのを見た。

see は知覚動詞の１つです。知覚動詞を使った文では、目的語のあとに「動詞の原形」や「現在分詞（〜ing）」「過去分詞」がくることはありますが、「不定詞（to 〜）」がくることはありません。この文は、「〜しているのを見た」という意味なので、「現在分詞」を使って表します。

▲上の文は正しくは
次のようになります ☞ **I saw him walking with a girl.**

なお、「動詞の原形」を使って、I saw him walk with a girl. とすると、"彼が女の子と歩くのをはじまりからおわりまで見ていた" という意味になります。

日本語さくいん

この本では文法用語は必要以上に使わないようにしています。しかし、さまざまな文法用語からこの本を利用する人のために、ここには、本文で使われていない文法用語ものせてあります。それらについては「＊」をつけて区別し、「⇒」のあとで、この本の中での表現に言いかえてあります。また、特にそれに相当する記述がないものについては、[　　]の中にかんたんな用語説明がのっています。

英語さくいん

2021年 2 月　改訂 1 版第 1 版第 1 刷発行
2024年 9 月　改訂 1 版第 1 版第 9 刷発行

カバーイラスト	小幡彩貴	発 行 人	泉田 義則
本文イラスト	大沢純子	発 行 所	株式会社くもん出版
装丁	佐々木一博（ＧＬＩＰ）		〒141-8488 東京都品川区東五反田2-10-2
デザイン・DTP	佐々木一博（ＧＬＩＰ）		東五反田スクエア11F
音声制作	株式会社ブレーンズギア	電話　編集直通	03 (6836) 0317
ナレーター	Rumiko Varnes、一色令子	営業直通	03 (6836) 0305
英文校閲	Rumiko Varnes	代表	03 (6836) 0301
協力	宮本知子、隅田信弘、佐々木浩		https://www.kumonshuppan.com/
編集協力	高塚俊文	印刷・製本	TOPPAN株式会社

落丁・乱丁はおとりかえいたします。
本書を無断で複写・複製・転載・翻訳することは、法律で認められた場合を除き禁じられています。購入者以外の第三者による本書のいかなる
電子複製も一切認められていませんのでご注意ください。

©2021 KUMON PUBLISHING Co., Ltd. Printed in Japan　CD57528　ISBN978-4-7743-3133-1

公文式教室では、
随時入会を受けつけています。

KUMONは、一人ひとりの力に合わせた教材で、
日本を含めた世界60を超える国と地域に「学び」を届けています。
自学自習の学習法で「自分でできた!」の自信を育みます。

公文式独自の教材と、経験豊かな指導者の適切な指導で、
お子さまの学力・能力をさらに伸ばします。

お近くの教室や公文式
についてのお問い合わせは

ミンナニ　ヒャクテン
0120-372-100

受付時間 9:30〜17:30　月〜金（祝日除く）

教室に通えない場合、通信で学習することができます。

公文式通信学習 　検 索

通信学習についての
詳細は

0120-393-373

受付時間 10:00〜17:00　月〜金（水・祝日除く）

お近くの教室を検索できます　　くもんいくもん　検 索　

公文式教室の先生になることに
ついてのお問い合わせは

0120-834-414

くもんの先生　検 索　

KUM◯N　公文教育研究会

公文教育研究会ホームページアドレス
https://www.kumon.ne.jp/

数を表すことば

1 基数と序数 (基数…ふつうの数を表すことば　序数…順序を表すことば)

	基数	序数			基数	序数
1	one	first		16	sixteen	sixteenth
2	two	second		17	seventeen	seventeenth
3	three	third		18	eighteen	eighteenth
4	four	fourth		19	nineteen	nineteenth
5	five	fifth		20	twenty	twentieth
6	six	sixth		21	twenty-one	twenty-first
7	seven	seventh		22	twenty-two	twenty-second
8	eight	eighth		30	thirty	thirtieth
9	nine	ninth		40	forty	fortieth
10	ten	tenth		50	fifty	fiftieth
11	eleven	eleventh		60	sixty	sixtieth
12	twelve	twelfth		70	seventy	seventieth
13	thirteen	thirteenth		80	eighty	eightieth
14	fourteen	fourteenth		90	ninety	ninetieth
15	fifteen	fifteenth		100	one hundred	one hundredth

●序数は、原則として基数に -th をつけてつくります。

●序数は、ふつう前に the をおいて使います。

●序数は、1st，2nd，3rd，6th，12th，21st のように書くこともあります。

● 21 から 29 までの基数は、twenty-one のように、twenty のあとにハイフン (-) をつけ、one から nine までをつけます。31〜39、…91〜99 も同じです。

● 21 から 29 までの序数は、twenty-first のように、twenty のあとにハイフンをつけ、first から ninth までをつけます。31〜39、…91〜99 も同じです。

2 大きな数

大きな数は、末尾から 3 けたずつ区切り、million (百万)、thousand (千) などの単位をつけて読みます。単位を表すことばは複数形にしません。

1,200
twelve hundred

下 2 けたが 00 のときは、このような言い方もします。

643,852
six hundred　forty-three　thousand　eight hundred　(and) fifty-two